En vente.

LES DEUX DIANE,

Roman historique du règne de Henri II.

ENTIÈREMENT INÉDIT,

Par ALEXANDRE DUMAS.

4 vol. in-8.

UNE FILLE DU RÉGENT,

Par Le Même.

4 vol. in-8.

Sous Presse :

LE BATARD DE MAULÉON,

Par Le Même.

4 vol. in-8.

SCEAUX. — IMPR. DE E. DÉPÉE.

LE CHEVALIER

DE

MAISON-ROUGE

PAR

ALEXANDRE DUMAS.

6

PARIS
ALEXANDRE CADOT, ÉDITEUR,
32, RUE DE LA HARPE.

1846

I

La salle des Morts.

(SUITE.)

La pièce dans laquelle venait de pénétrer Maurice était séparée en deux compartiments.

Dans l'un de ces compartiments siégaient les employés chargés d'enregistrer les noms des arrivants ; dans l'autre, meublée seulement de quelques bancs de bois, on déposait à la fois ceux qui venaient d'être arrêtés et ceux qui venaient d'être condamnés, ce qui était à peu près la même chose.

La salle était sombre, éclairée seulement par les vitres d'une cloison prise sur le greffe.

Une femme, vêtue de blanc et à demi-évanouie, gisait dans un coin, adossée au mur.

Un homme était debout devant elle,

les bras croisés, secouant de temps en temps la tête et hésitant à lui parler, de peur de lui rendre le sentiment qu'elle paraissait avoir perdu.

Autour de ces deux personnages on voyait remuer confusément les condamnés, qui sanglotaient ou chantaient des hymnes patriotiques.

D'autres se promenaient à grands pas, comme pour fuir hors de la pensée qui les dévorait.

C'était bien l'antichambre de la mort, et l'ameublement le rendait digne de ce nom.

On voyait des bières, remplies de paille, s'entr'ouvrir comme pour appeler les vivants : c'étaient des lits de repos, des tombeaux provisoires.

Une grande armoire s'élevait dans la paroi opposée au vitrage.

Un prisonnier l'ouvrit par curiosité et recula d'horreur.

Cette armoire renfermait les habits sanglants des suppliciés de la veille, et de longues tresses de cheveux pendaient çà et là, c'étaient les pour-boires du bourreau qui les vendait aux parents, lorsque l'autorité ne lui enjoignait pas de brûler ces chères reliques.

Maurice, palpitant, hors de lui, eut à peine ouvert la porte qu'il vit tout le tableau d'un coup-d'œil.

— Il fit trois pas dans la salle et vint tomber aux pieds de Geneviève.

La pauvre femme poussa un cri que Maurice étouffa sur ses lèvres.

Lorin serrait, en pleurant, son ami dans ses bras; c'étaient les premières larmes qu'il eût versées.

Chose étrange, tous ces malheureux assemblés, qui devaient mourir ensemble, regardaient à peine le touchant tableau que leur offraient ces malheureux, leurs semblables.

Chacun avait trop de ses propres émotions, pour prendre une part des émotions des autres.

Les trois amis demeurèrent un moment unis dans une étreinte muette, ardente et presque joyeuse.

Lorin se détacha le premier du groupe douloureux.

— Tu es donc condamné aussi? dit-il à Maurice.

— Oui, répondit celui-ci.

— Oh! bonheur! murmura Geneviève.

La joie des gens qui n'ont qu'une heure à vivre ne peut pas même durer autant que leur vie.

Maurice, après avoir contemplé Geneviève avec cet amour ardent et profond qu'il avait dans le cœur, après l'avoir remerciée de cette parole à la fois si égoïste et si tendre qui venait de lui échapper, se tourna vers Lorin.

— Maintenant, dit-il tout en enfermant dans sa main les deux mains de Geneviève, causons.

— Ah ! oui, causons, répondit Lorin ; mais s'il nous en reste le temps, c'est bien juste. Que veux-tu me dire, voyons ?

— Tu as été arrêté à cause de moi, condamné à cause d'elle, n'ayant rien commis contre les lois ; comme Geneviève et moi, nous payons notre dette, il ne convient pas qu'on te fasse payer en même temps que nous.

— Je ne comprends pas.

— Lorin, tu es libre.

— Libre, moi? tu es fou! dit Lorin.

— Non, je ne suis pas fou; je te répète que tu es libre; tiens, voici un laissez-passer. On te demandera qui tu es ; tu es employé au greffe des Carmes; tu es venu parler au citoyen greffier du Palais; tu lui as, par curiosité, demandé un laissez-passer pour voir les condamnés; tu les as vus, tu es satisfait et tu t'en vas.

— C'est une plaisanterie, n'est-ce pas?

— Non pas, mon cher ami, voici la carte, profite de l'avantage. Tu n'es pas amoureux, toi; tu n'as pas besoin de mourir pour passer quelques minutes de plus avec la bien-aimée de ton cœur, et ne pas perdre une seconde de son éternité.

— Eh bien ! Maurice, dit Lorin, si l'on peut sortir d'ici, ce que je n'eusse jamais cru, je te jure, pourquoi ne fais-tu pas sauver Madame d'abord ? quant à toi, nous aviserons.

— Impossible, dit Maurice avec un affreux serrement de cœur : tiens, tu vois, il y a sur la carte un citoyen, et non une citoyenne ; et d'ailleurs, Geneviève ne voudrait pas sortir en me laissant ici, vivre en sachant que je vais mourir.

— Eh bien ! mais si elle ne le veut pas'

pourquoi le voudrais-je, moi? tu crois donc que j'ai moins de courage qu'une femme ?

— Non, mon ami, je sais au contraire que tu es le plus brave des hommes, mais rien au monde ne saurait excuser ton entêtement en pareil cas. Allons, Lorin, profite du moment et donne-nous cette joie suprême de te savoir libre et heureux.

— Heureux ! s'écria Lorin, est-ce que tu plaisantes? heureux moi, heureux sans vous ! Eh ! que diable veux-tu que je fasse en ce monde sans vous, à Paris, hors de mes habitudes, ne plus vous voir, ne plus vous ennuyer de mes bouts-rimés, ah ! pardieu non.

— Lorin, mon ami !...

— Justement ; c'est parce que je suis ton ami que j'insiste : avec la perspective de vous retrouver tous deux, si j'étais prisonnier comme je le suis, je renverserais des murailles; mais pour me sauver d'ici tout seul, pour m'en aller par les rues le front courbé avec quelque chose comme un remords qui criera incessamment à mon oreille. Maurice! Geneviève! pour passer dans certains quartiers et devant certaines maisons où j'ai vu vos personnes et où je ne verrai plus que vos ombres, pour en arriver enfin à exécrer ce cher Paris que j'aimais tant, ah ! ma foi, non, et je trouve qu'on a eu raison de proscrire les rois, ne fût-ce qu'à cause du roi Dagobert.

— Et en quoi le roi Dagobert a-t-il rapport à ce qui se passe entre nous ?

— En quoi ! Cet affreux tyran ne disait-il pas au grand Eloi : « Il n'est si bonne compagnie qu'il ne faille quitter ? » Eh bien ! moi, je suis un républicain ! Et je dis : rien ne doit nous faire quitter la bonne compagnie, même la guillotine ; je me sens bien ici, et j'y reste.

— Pauvre ami ! pauvre ami ! dit Maurice.

Geneviève ne disait rien, mais elle le regardait avec des yeux baignés de larmes.

— Tu regrettes la vie, toi ! dit Lorin.

— Oui, à cause d'elle !

— Et moi je ne la regrette à cause de rien; pas même à cause de la déesse Raison, laquelle, j'ai oublié de te faire part de cette circonstance, a eu dernièrement les torts les plus graves envers moi, ce qui ne lui donnera pas même la peine de se consoler comme l'autre Arthémise, l'ancienne; je m'en irai donc très calme et très facétieux, j'amuserai tous ces

gredins qui courent après la charrette ;
je dirai un joli quatrain à Monsieur Sanson, et bonsoir la compagnie... c'est-à-dire... attends donc.

Lorin s'interrompit.

— Ah ! si fait, dit-il, si fait, je veux sortir ; je savais bien que je n'aimais personne ; mais j'oubliais que je haïssais quelqu'un ; ta montre, Maurice, ta montre.

— Trois heures et demie.

— J'ai le temps, mordieu ! j'ai le temps.

— Certainement, s'écria Maurice ; il reste neuf accusés aujourd'hui, cela ne finira pas avant cinq heures ; nous avons donc près de deux heures devant nous.

— C'est tout ce qu'il me faut ; donne-moi ta carte et prête-moi vingt sous.

— Oh ! mon Dieu ! qu'allez-vous faire ? murmura Geneviève.

Maurice lui serra la main ; l'important pour lui, c'était que Lorin sortît.

— J'ai mon idée, dit Lorin.

Maurice tira sa bourse de sa poche et la mit dans la main de son ami.

— Maintenant la carte, pour l'amour de Dieu. Je veux dire pour l'amour de l'Être éternel.

Maurice lui remit la carte.

Lorin baisa la main de Geneviève, et profitant du moment où l'on amenait dans le greffe une fournée de condamnés, il enjamba les bancs de bois et se présenta à la grande porte.

— Eh ! dit un gendarme, en voilà un qui se sauve, il me semble.

Lorin se redressa et présenta sa carte.

— Tiens, dit-il, citoyen gendarme, et apprends à mieux connaître les gens.

Le gendarme reconnut la signature du greffier, mais il appartenait à cette catégorie de fonctionnaires qui manquent généralement de confiance, et comme juste en ce moment le greffier descendait du tribunal avec un frisson qui ne l'avait point quitté depuis qu'il avait si imprudemment hasardé sa signature :

— Citoyen greffier, dit-il, voici un papier à l'aide duquel un particulier veut sortir de la salle des Morts; est-il bon, le papier?

Le greffier blêmit de frayeur, et convaincu, s'il regardait, qu'il allait apercevoir la terrible figure de Dixmer, il se hâta de répondre en s'emparant de la carte:

— Oui, oui, c'est bien ma signature.

— Alors dit Lorin, si c'est ta signature, rends-le moi.

Non pas, dit le greffier en le déchirant en mille morceaux, non pas! ces sortes de cartes ne peuvent servir qu'une fois.

Lorin resta un moment irrésolu.

— Ah ! tant pis, dit-il, mais avant tout il faut que je le tue.

Et il s'élança hors du greffe.

Maurice avait suivi Lorin avec une émotion facile à comprendre; dès que Lorin eut disparu :

— Il est sauvé, dit-il à Geneviève avec une exaltation qui ressemblait à de la joie; on a déchiré sa carte, il ne pourra plus rentrer; puis, d'ailleurs, pût-il rentrer, la séance du tribunal va finir : à cinq heures il reviendra, nous serons morts.

Geneviève poussa un soupir et frissonna.

— Oh ! presse-moi dans tes bras, dit-elle, et ne nous quittons plus. Pourquoi n'est-il pas possible, mon Dieu ! qu'un même coup nous frappe, pour que nous exhalions ensemble notre dernier soupir !

Alors ils se retirèrent au plus profond de la salle obscure, Geneviève s'assit tout près de Maurice et lui passa ses deux bras autour du cou ; ainsi enlacés, respirant le même souffle, éteignant d'avance, en eux-mêmes, le bruit et la pensée, ils s'engourdirent, à force d'amour, aux approches de la mort.

Une demi-heure se passa.

II

Pourquoi Lorin était sorti.

Tout-à coup un grand bruit se fit entendre, les gendarmes débouchèrent de la porte basse, derrière eux venaient Sanson et ses aides qui portaient des paquets de cordes.

— Oh! mon ami, mon ami! dit Geneviève, voilà le moment fatal, je me sens défaillir.

— Et vous avez tort, dit la voix éclatante de Lorin :

Vous avez tort, en vérité,
Car la mort c'est la liberté!

— Lorin! s'écria Maurice au désespoir.

— Ils ne sont pas bons, n'est-ce pas? je suis de ton avis; depuis hier, je n'en fais que de pitoyables...

— Ah! il s'agit bien de cela; tu es revenu, malheureux! tu es revenu...

— C'étaient nos conventions, je pense? écoute, car aussi bien ce que j'ai à dire t'intéresse ainsi que Madame.

— Mon Dieu! mon Dieu!

— Laisse-moi donc parler, ou je n'aurai pas le temps de te conter la chose. Je voulais sortir pour acheter un couteau rue de la Barillerie.

— Que voulais-tu faire d'un couteau?

— J'en voulais tuer ce bon Monsieur Dixmer.

Geneviève frissonna.

— Ah! fit Maurice, je comprends.

— Je l'ai acheté. Voilà ce que je me disais, et tu vas comprendre combien ton ami a l'esprit logique. Je commence à croire que j'aurais dû me faire mathématicien au lieu de me faire poète. Malheureusement il est trop tard maintenant. Voilà donc ce que je me disais; suis mon raisonnement: M. Dixmer a compromis sa femme; M. Dixmer est venu la voir juger; M. Dixmer ne se privera pas du plaisir de la voir passer en charrette, surtout nous l'accompagnant. Je vais donc le trouver au premier rang des spectateurs; je me glisserai près de lui; je lui dirai : Bonjour, monsieur Dixmer, et je lui planterai mon couteau dans le flanc.

— Lorin ! s'écria Geneviève.

— Rassurez-vous, chère amie, la Providence y avait mis bon ordre. Imaginez-vous que les spectateurs, au lieu de se tenir en face du Palais, comme c'est leur habitude, avaient fait demi-tour à droite et bordaient le quai. Tiens, me dis-je, c'est sans doute un chien qui se noie; pourquoi Dixmer ne serait-il pas là? un chien qui se noie, ça fait toujours passer le temps.

Je m'approche du parapet et je vois tout le long de la berge un tas de gens qui levaient les bras en l'air et qui se baissaient pour regarder quelque chose à terre, en poussant des hélas! à faire déborder la Seine. Je m'approche... ce quelque chose... devine qui c'était...

— C'était Dixmer? dit Maurice d'une voix sombre.

— Oui. Comment peux-tu deviner celà ? Oui, Dixmer, cher ami, Dixmer qui s'était ouvert le ventre tout seul ; le malheureux s'est tué en expiation sans doute.

— Ah ! dit Maurice avec un sombre sourire ; c'est ce que tu as pensé ?

Geneviève laissa tomber sa tête entre ses mains, elle était trop faible pour supporter tant d'émotions successives.

— Oui, j'ai pensé cela ; attendu qu'on a retrouvé près de lui son sabre ensanglanté, à moins que toutefois... il n'ait rencontré quelqu'un...

Maurice, sans rien dire, et profitant du moment où Geneviève, accablée, ne pouvait le voir, ouvrit son habit et montra à Lorin son gilet et sa chemise ensanglantés.

— Ah! c'est autre chose, dit Lorin.

Et il tendit la main à Maurice.

— Maintenant, dit-il en se penchant à l'oreille de Maurice, comme on ne m'a pas fouillé, attendu que je suis rentré en disant que j'étais de la suite de M. Sanson, j'ai toujours le couteau, si la guillotine te répugne.

Maurice s'empara de l'arme avec un mouvement de joie.

— Non, dit-il, elle souffrirait trop.

Et il rendit le couteau à Lorin.

— Tu as bien raison, dit celui-ci, vive la machine de monsieur Guillotin! Qu'est-ce que la machine de monsieur Guillotin? Une chiquenaude sur le cou, comme l'a dit Danton. Qu'est-ce qu'une chiquenaude?

Et il jeta le couteau au milieu du groupe des condamnés.

L'un d'eux le prit, se l'enfonça dans la

poitrine, et tomba mort sur le coup.

Au même moment Geneviève fit un mouvement et poussa un cri. Sanson venait de lui poser la main sur l'épaule.

II

Vive Simon!

Au cri poussé par Geneviève, Maurice comprit que la lutte allait commencer.

L'amour peut exalter l'âme jusqu'à

l'héroïsme ; l'amour peut, contre l'instinct naturel, pousser une créature humaine à désirer la mort ; mais il n'éteint pas en elle l'appréhension de la douleur. Il était évident que Geneviève acceptait plus patiemment et plus généreusement la mort depuis que Maurice mourait avec elle ; mais la résignation n'exclut pas la souffrance : et sortir de ce monde, c'est non-seulement tomber dans cet abîme qu'on appelle l'inconnu, mais c'est souffrir en tombant.

Maurice embrassa d'un regard toute la scène présente, et d'une pensée toute celle qui allait suivre.

Au milieu de la salle, un cadavre de

la poitrine duquel, un gendarme en se précipitant, avait arraché le couteau, de peur qu'il ne servît à d'autres.

Autour de lui, des hommes muets de désespoir et faisant à peine attention à lui, écrivant au crayon, sur un portefeuille, des mots sans suite, ou se serrant la main les uns aux autres. Ceux-ci répétant sans relâche, et comme font les insensés, un nom chéri, ou mouillant de larmes un portrait, une bague, une tresse de cheveux; ceux-là vomissant de furieuses imprécations contre la tyrannie: mot banal, toujours maudit par tout le monde tour à tour, et quelquefois même par les tyrans.

Au milieu de ces infortunes, Sanson,

appesanti moins encore par ses cinquante-quatre ans que par la gravité de son lugubre office; Sanson, aussi doux, aussi consolateur que sa terrible mission lui permettait de l'être, donnait à celui-ci un conseil, à celui-là un triste encouragement, et trouvant des paroles chrétiennes à répondre au désespoir comme à la bravade :

— Citoyenne, dit-il à Geneviève, il faudra ôter le fichu et relever ou couper les cheveux, s'il vous plaît.

Geneviève devint tremblante.

— Allons, mon amie, dit doucement Lorin, du courage !

— Puis-je relever moi-même les cheveux de madame ? demanda Maurice.

— Oh ! oui, s'écria Geneviève, lui ! je vous en supplie, Monsieur Sanson.

—Faites, dit le vieillard en détournant la tête.

Maurice dénoua sa cravate tiède de la chaleur de son cou, Geneviève la baisa, et se mettant à genoux devant le jeune homme, lui présenta cette tête charmante, plus belle dans sa douleur qu'elle n'avait jamais été dans sa joie.

Quand Maurice eut fini la funèbre opération, ses mains étaient si tremblantes, il y avait tant de douleur dans l'expression de son visage, que Geneviève s'écria :

— Oh ! j'ai du courage, Maurice.

Sanson se retourna.

— N'est-ce pas, Monsieur, que j'ai du courage ? dit-elle.

— Certainement, citoyenne, répondit l'exécuteur d'une voix émue, et un vrai courage.

Pendant ce temps le premier aide

avait parcouru le bordereau envoyé par Fouquier-Thinville.

— Quatorze, dit-il.

Sanson compta les condamnés.

— Quinze, y compris le mort, dit-il, comment cela se fait-il ?

Lorin et Geneviève comptèrent après lui, mus par une même pensée.

— Vous dites qu'il n'y a que quatorze condamnés et que nous sommes quinze ? dit-elle.

— Oui, il faut que le citoyen Fouquier-Thinville se soit trompé.

— Oh! tu mentais, dit Geneviève à Maurice, tu n'étais point condamné.

— Pourquoi attendre à demain, quand c'est aujourd'hui que tu meurs? répondit Maurice.

— Ami, dit-elle en souriant, tu me rassures: je vois maintenant qu'il est facile de mourir.

— Lorin, dit Maurice, Lorin, une dernière fois... nul ne peut te reconnaître ici... dis que tu es venu me dire adieu... dis que tu as été enfermé par erreur... appelle le gendarme qui t'a vu sortir. Je serai le vrai condamné, moi qui dois mourir; mais toi, nous t'en supplions, ami, fais-nous la joie de vivre, pour garder notre mémoire, il est temps encore, Lorin, nous t'en supplions!

Geneviève joignit ses deux mains en signe de prière.

Lorin prit les deux mains de la jeune femme et les baisa.

— J'ai dit non, et c'est non, dit Lorin d'une voix ferme; ne m'en parlez plus, ou, en vérité, je croirai que je vous gêne.

— Quatorze, répéta Sanson, et ils sont quinze ; puis, élevant la voix :

— Voyons, dit-il, y a-t-il quelqu'un qui réclame ? y a-t-il quelqu'un qui puisse prouver qu'il se trouve ici par erreur ?

Peut-être quelques bouches s'ouvrirent-elles à cette demande, mais elles se refermèrent sans prononcer une parole ; ceux qui eussent menti, avaient honte de mentir ; celui qui n'eût pas menti, ne voulait point parler.

Il se fit un silence de plusieurs minutes pendant lequel les aides continuaient leur lugubre office.

— Citoyens, nous sommes prêts,... dit alors la voix sourde et solennelle du vieux Sanson.

Quelques sanglots et quelques gémissements répondirent à cette voix.

— Eh bien ! dit Lorin, soit !

> Mourons pour la patrie,
> C'est le sort le plus beau !...

Oui, quand on meurt pour la patrie mais décidément je commence à croire que nous ne mourons pas pour elle, nous mourons pour le plaisir de ceux qui nous regardent mourir. Ma foi, Maurice, je suis de ton avis, je commence aussi à me dégoûter de la république.

— L'appel! dit un commissaire à la porte.

Plusieurs gendarmes entrèrent dans la salle et en fermèrent ainsi les issues, se plaçant entre la vie et les condamnés, comme pour empêcher ceux-ci d'y revenir.

On fit l'appel.

Maurice, qui avait vu juger le condamné qui s'était tué avec le couteau de Lorin, répondit quand on prononça son nom. Il se trouva alors qu'il n'y avait que le mort de trop.

On le porta hors de la salle. Si son identité eût été constatée, si on l'eût reconnu pour condamné, tout mort qu'il était, on l'eût guillotiné avec les autres.

Les survivants furent poussés vers la sortie.

A mesure que l'un d'eux passait devant le guichet, on lui liait les mains derrière le dos.

Pas une parole ne s'échangea pendant dix minutes entre ces malheureux.

Les bourreaux seuls parlaient et agissaient.

Maurice, Geneviève et Lorin, qui ne pouvaient plus se tenir, se pressaient les uns contre les autres pour n'être point séparés. Puis les condamnés furent poussés de la Conciergerie dans la cour.

Là le spectacle devint effrayant.

Plusieurs faiblirent à la vue des charrettes ; les guichetiers les aidèrent à monter.

On entendait derrière les portes encore fermées, les voix confuses de la foule, et l'on devinait à ses rumeurs qu'elle était nombreuse.

Geneviève monta sur la charrette avec assez de force, d'ailleurs Maurice la soutenait du coude. Maurice s'élança rapidement derrière elle.

Lorin ne se pressa pas. Il choisit sa place et s'assit à la gauche de Maurice.

Les portes s'ouvrirent ; aux premiers rangs était Simon.

Les deux amis le reconnurent, lui-même les vit.

Il monta sur la borne près de laquelle les charrettes devaient passer ; il y en avait trois.

La première charrette s'ébranla, c'était celle où se trouvaient les trois amis.

— Eh ! bonjour, beau grenadier, dit Simon à Lorin ; tu vas essayer de mon tranchet, que je pense.

— Oui, dit Lorin, et je tâcherai de ne pas trop l'ébrêcher pour qu'il puisse à ton tour te tailler le cuir.

Les deux autres charrettes s'ébranlèrent, suivant la première.

Une effroyable tempête de cris, de bravos, de gémissements, de malédictions, fit explosion à l'entour des condamnés.

— Du courage, Geneviève, du courage ! murmurait Maurice.

— Oh ! répondit la jeune femme, je ne regrette pas la vie, puisque je meurs avec toi. Je regrette de n'avoir pas les mains libres pour te serrer au moins dans mes bras avant de mourir.

— Lorin, dit Maurice, Lorin, fouille dans la poche de mon gilet, tu y trouveras un canif.

— Oh! mordieu, dit Lorin, comme le canif me va ; j'étais humilié d'aller à la mort, garotté comme un veau.

Maurice abaissa sa poche à la hauteur des mains de son ami, Lorin y prit le canif, puis, à eux deux ils l'ouvrirent, alors Maurice le prit entre ses dents, et coupa les cordes qui liaient les mains de Lorin.

Lorin, débarrassé de ses cordes, rendit le même service à Maurice.

— Dépêche-toi, disait le jeune homme, voilà Geneviève qui s'évanouit.

En effet, pour accomplir cette opération, Maurice s'était détourné un instant de la pauvre femme, et comme si toute sa force venait de lui, elle avait fermé les yeux et laissé tomber sa tête sur sa poitrine.

— Geneviève, dit Maurice, Geneviève, rouvre les yeux, mon amie, nous n'avons plus que quelques minutes à nous voir en ce monde.

— Ces cordes me blessent, murmura la jeune femme.

Maurice la délia.

Aussitôt elle rouvrit les yeux et se leva,

en proie à une exaltation qui la fit éblouissante de beauté.

Elle entoura d'un bras le col de Maurice, saisit de l'autre main celle de Lorin, et tous trois, debout sur la charrette, ayant à leurs pieds les deux autres victimes ensevelis dans la stupeur d'une mort anticipée, ils lancèrent au ciel, qui leur permettait de s'appuyer librement l'un sur l'autre, un geste et un regard reconnaissants.

Le peuple qui les insultait lorsqu'ils étaient assis, se tut quand il les vit debout.

On aperçut l'échafaud.

Maurice et Lorin le virent, Geneviève ne le vit pas, elle ne regardait que son amant.

La charrette s'arrêta.

— Je t'aime, dit Maurice à Geneviève, je t'aime.

— La femme d'abord, la femme la première! crièrent mille voix.

— Merci, peuple, dit Maurice; qui donc disait que tu étais cruel?

Il prit Geneviève dans ses bras, et les lèvres collées sur ses lèvres, il la porta dans les bras de Sanson.

— Courage! criait Lorin; courage!

— J'en ai, répondit Geneviève; j'en ai!

— je t'aime! murmurait Maurice; je t'aime!

Ce n'étaient plus des victimes que l'on égorgeait, c'étaient des amis qui se faisaient fête de la mort.

— Adieu! cria Geneviève à Lorin.

— Au revoir! répondit celui-ci.

Geneviève disparut sous la fatale bascule.

— A toi ! dit Lorin.

— A toi ! fit Maurice.

— Écoute ! elle t'appelle !

En effet, Geneviève poussa son dernier cri :

— Viens ! dit-elle.

Une grande rumeur se fit dans la foule. La belle et gracieuse tête était tombée.

Maurice s'élança.

— C'est trop juste, disait Lorin, suivons la logique. M'entends-tu, Maurice ?

— Oui.

— Elle t'aimait, on la tue la première ; tu n'es pas condamné, tu meurs le second ; moi, je n'ai rien fait, et comme je suis le plus criminel des trois, je passe le dernier.

> Et voilà comment tout s'explique
> Avec l'aide de la logique.

Ma foi, citoyen Sanson, je t'avais promis un quatrain, mais tu te contenteras d'un distique.

— Je t'aimais, murmura Maurice lié

à la planche fatale et souriant à la tête de son amie ; je t'aim...

Le fer trancha la moitié du mot.

— A moi ! s'écria Lorin en bondissant sur l'échafaud, et vite ! car, en vérité, j'y perds la tête. Citoyen Sanson, je t'ai fait banqueroute de deux vers, mais je t'offre en place un calembourg.

Sanson le lia à son tour.

— Voyons, dit Lorin, c'est la mode de crier vive quelque chose quand on meurt.

Autrefois on criait vive le roi ; mais il n'y a plus de roi.

Depuis on a crié vive la liberté ; mais il n'y a plus de liberté.

Ma foi, vive Simon! qui nous réunit tous trois.

Et la tête du généreux jeune homme tomba près de celles de Maurice et de Geneviève !

FIN DU CHEVALIER DE MAISON-ROUGE.

LA CHASSE.

Il y a à Marseille une tradition antique et solennelle; — cette tradition, qui se perd dans la nuit des temps, est qu'il passe des pigeons sauvages.

Or tout Marseillais qui, de ses anciennes franchises municipales, n'a conservé, comme les Aiguemortains, que le droit de porter un fusil, tout Marseillais est chasseur.

Dans le nord, pays d'activité, le chasseur court après le gibier, et pourvu qu'il arrive à le rejoindre, il ne croit pas que la peine qu'il s'est donnée lui fasse rien perdre de sa considération dans l'esprit de ses compatriotes.

Dans le midi, pays d'indolence, le chasseur attend le gibier; dans le midi, le gibier doit venir trouver l'homme : l'homme n'est-il pas le roi de la création?

De là cette tradition fabuleuse d'un passage de pigeons.

Tout chasseur marseillais un peu ficelé, — j'en demande pardon à mes lecteurs, mais c'est le terme consacré, — tout chasseur, dis-je, a donc un *poste à feu.*

Expliquons ce que c'est qu'un *poste à feu.*

Le poste à feu est une étroite hutte creusée dans le sol, couverte d'un amas de feuillages flétris et de branches coupées. Aux deux côtés de cette hutte sont deux ou trois pins, au sommet desquels de longues bigues de bois étalent leurs squelettes dépouillés; généralement deux sont placées horizontalement; la troisième est verticale. On appelle ces bignes des cimeaux.

Tous les dimanches matin, le chasseur marseillais vient se placer avant le jour dans son terrier, en arrangeant ses branches d'arbre de manière à ce que la tête seule sorte de terre ; la tête est en général recouverte d'une casquette d'un vert fané, qui se marie à merveille avec la couleur des branches flétries. Le chasseur marseillais est donc invisible à tous les yeux, excepté à l'œil du Seigneur.

Si le chasseur est un Sybarite, il a au fond de son trou un tabouret pour s'asseoir ; si c'est un chasseur rustique, un crâne chasseur, il se met tout bonnement à genoux.

Il est patient parce qu'il est éternel, — *patiens quia æternus.*

Le chasseur marseillais attend donc avec patience.

Mais, me dira-t-on, qu'est-ce qu'il attend ?

En temps ordinaire, le chasseur marseillais attend la grive, le merle, l'ortolan, le becfigue, le rouge-gorge ou tout autre volatile, car son ambition ne s'est jamais élevée jusqu'à la caille. Quant à la perdrix, c'est pour lui le phénix ; il croit, parce qu'il l'a entendu dire, qu'il y en a une dans le monde qui renaît de ses cendres, qu'on aperçoit de temps en temps, avant ou après les grandes catastrophes, pour annoncer la colère ou la clémence de Dieu. Voilà tout. — Nous ne parlons pas du lièvre; il est reconnu à Marseille que le lièvre est un animal fabuleux, dans le genre de la licorne.

Mais comme la grive, le merle, l'ortolan, le becfigue ou le rouge-gorge, n'auraient aucun motif pour venir se poser de leur propre mouvement sur les pins où ils sont attendus, le chasseur marseillais se fait en général suivre par un gamin qui porte plusieurs cages dans chacune desquelles est enfermé un oiseau du genre

de ceux que nous avons nommés; ces
...eaux, innocemment achetés sur lo
port, sont indifféremment de l'un ou de
l'autre sexe, les mâles étant destinés à
appeler les femelles, et les femelles à
appeler les mâles.

Les cages sont suspendues dans les
branches basses des pins; les oiseaux
prisonniers pipent les oiseaux libres. Les
malheureux volatiles, trompés par l'appel de leurs camarades, viennent alors se
poser sur les cimeaux placés horizontalement. — Il faut dire, cependant, que la
chose est rare.

C'est là que les attend le chasseur.

— S'il est adroit, il les tue ; s'il est maladroit, il les manque.

En général, le chasseur marseillais est maladroit. — L'adresse est une affaire d'habitude.

Voilà le calcul fait par Méry :

Le chasseur marseillais vient à son poste tous les huit jours.

Un jour sur huit un oiseau vient se percher sur les cimeaux.

Sur huit oiseaux, il y a un oiseau de tué.

Il en résulte que, compris achat de fusil, achat d'oiseaux et entretien du poste, chaque oiseau revient à cinq ou six cents francs.

Mais aussi, le jour où un chasseur marseillais a tué un oiseau, il est grand devant sa famille comme Nemrod devant Dieu.

En temps extraordinaire, c'est-à-dire lors du passage des pigeons sauvages, le chasseur marseillais vient tout bonnement à son poste avec un pigeon privé. Ce pigeon privé est attaché par une ficelle au cimeau perpendiculaire ; de sorte qu'il est toujours obligé de voler, la pointe de la bigue finissant en paratonnerre, et la ficelle qui le retient étant trop courte pour que le malheureux captif puisse se reposer sur les bigues horizontales. — Ce vol éternel est destiné, comme l'aimant, à attirer à lui les vols plus ou moins considérables qui devraient passer, se rendant de l'Afrique dans le Kamstchatka.

S'il passait des pigeons, les pigeons seraient probablement au pas de ce stratagème ; mais, de mémoire de Phocéen, le chasseur marseillais avoue ingénument qu'il n'a pas vu un pigeon.

Cela ne l'empêche pas d'affirmer qu'il en passe.

Au bout de quatre dimanches, le pigeon privé meurt étique.

Or, comme le passage des pigeons sauvages dure trois mois, c'est-à-dire du 1er octobre à la fin de décembre, c'est encore trois pigeons de plus qu'il en coûte à l'amateur.

Il est vrai de dire que pendant tout ce temps le chasseur ne tue pas un seul autre oiseau, le pigeon privé leur faisant une peur épouvantable.

Le chasseur marseillais reste ainsi dans sa hutte six ou huit heures, c'est-à-dire de quatre heures du matin jusqu'à midi; il y a même des enragés qui emportent leur déjeuner et leur dîner, et qui ne rentrent que le soir dans leur bastide, juste pour faire leur partie de loto.

— Le loto termine merveilleusement une journée commencée par la chasse au poste.

Je demandai à Méry s'il ne pourrait pas me faire faire connaissance d'un de ces chasseurs : cela me paraissait une espèce à part, curieuse à observer. Méry me promit de saisir la première occasion qui se présenterait.

Toutes ces explications m'étaient données en montant à Notre-Dame de la Garde. De ses hauteurs on découvre Marseille et ses environs sur l'espace d'une lieue carrée; je comptai à peu près cent cinquante postes à feu.

Pendant une heure que je mis à monter Notre-Dame de la Garde, trois quarts d'heure que je mis à descendre, cinq quarts d'heure que j'y restai, en tout trois heures, j'entendis deux coups de fusil. — Cela revenait bien au calcul de Méry.

Je ne fus donc pas distrait de mes investigations religieuses et archéologiques.

Notre-Dame de la Garde est à la fois un fort et une église.

Le fort est en gand mépris parmi les ingénieurs.

L'église est en grande vénération parmi les marins.

C'est de ce fort que Chapelle et Bachaumont ont dit :

> Gouvernement commode et beau,
> Auquel suffit pour toute garde
> Un Suisse avec sa hallebarde,
> Peint sur la porte du château.

Ce qui prouve que de tout temps le fort de Notre-Dame s'est à peu près gardé tout seul, à moins que ce quatrain épigrammatique n'ait été fait encore plus contre le gouverneur que contre le château, attendu qu'à cette époque le gouverneur était M. de Scudéri, frère de la dixième muse ; — car de tout temps, comme le fait très judicieusement observer ce guide marseillais, que je dénonce à ses confrères comme ayant plus d'esprit à lui seul qu'eux tous ensemble, — de tout temps il y a eu en France une dixième muse.

Il résulte de ce discrédit où est tombé le fort, et de cette vénération dans laquelle est demeurée l'église, qu'il n'a plus aujourd'hui que des madones pour ouvrages avancés, et des pénitents pour garnison. Il est vrai que, si l'on s'en rapporte à la quantité d'*ex-voto* suspendus dans sa chapelle, il y a peu de vierges aussi miraculeuses que Notre-Dame de la Garde ; aussi est-ce à elle que tous les mariniers provençaux ont recours dans l'orage ; et, le beau temps arrivé, selon que la tempête a été plus ou moins terrible, ou que le votant a eu plus ou moins peur, le pèlerin lui apporte, pieds nus, ou marchant sur ses genoux, l'*ex-voto* qu'il lui a promis. Une fois le vœu fait, il est au reste religieusement accompli, il n'y a peut-être pas d'exemple qu'un marin, si pauvre qu'il soit, ait manqué à sa promesse. La seule chose qu'il se permette, c'est, quand il n'a pas désigné positivement la matière, de donner de l'étain pour de l'argent et du cuivre pour de l'or.

Une vigie placée au plus haut du fort, signale tous les navires qui arrivent à Marseille.

Du haut de la montagne de Notre-

Dame de la Garde, on découvre, comme nous l'avons dit, Marseille et ses environs; c'est de là qu'on voit, dans leur incalculable multiplicité, ces milliers de bastides qui font une ville clairsemée tout autour de la ville compacte.

C'est que chaque habitant de Marseille possède sa bastide; beaucoup n'ont pas une maison de ville qui ont une maison des champs. Or, comme généralement chacun fait la course à pied, il choisit pour sa bastide le point le plus rapproché de la porte par laquelle il sort; il en résulte que, pour que toutes les maisons soient ainsi à la portée de leurs propriétaires, il faut bien qu'elles se serrent un peu : aussi c'est ce qu'elles font. Rien n'est moins exigeant qu'une bastide : une bastide n'exige ni cour ni jardin. Il y a des bastides qui ont un arbre pour quatre, et celles-là, ce ne sont pas les plus malheureuses.

Nous descendîmes de Notre-Dame de la Garde au port des Catalans. Le port des Catalans est une des choses curieuses de Marseille.

Un jour, une colonie mystérieuse vint s'établir sur une langue de terre inhabitée, à l'entour d'une petite crique; elle demanda à la commune de Marseille de faire de cette crique son port, et de ce promontoire sa ville : la commune accorda leur demande à ces bohémiens de la mer.

Depuis ce temps ils sont là, habitant des maisons étrangement construites, parlant une langue inconnue, se mariant entre eux, et tirant chaque soir leurs petits bâtiments sur le sable, comme des matelots du temps de Virgile.

Cependant, depuis un siècle ou deux, la petite colonie va diminuant chaque année. Un demi-siècle encore, peut-être, et elle aura disparu, comme disparaît tout ce qui est étrange ou pittoresque. Que la chose soit au-dessus ou au-dessous d'elle, notre bienheureuse civilisation a horreur de tout ce qui n'est pas à son niveau. C'est la civilisation qui tue les pauvres Catalans.

Nous nous séparâmes en nous donnant rendez-vous pour le soir au théâtre; après le théâtre nous devions aller souper chez Sybillot : Méry me quittait pour commander le souper et me chercher un chasseur au poste.

J'arrivai au théâtre à l'heure convenue, et je trouvai Jadin et Méry qui m'attendaient avec trois ou quatre autres convives. Mon premier mot fut pour demander à Méry s'il m'avait trouvé le chasseur promis.

— Oh oui ! me répondit-il, et un fameux !

— Vous êtes sûr qu'il ne nous échappera pas ?

— Oh ! il n'a garde ; je lui ai dit que vous aviez chassé le lion à Alger et le tigre dans les Pampas.

— Et où est-il ?

— Tenez, là ! voyez-vous à l'orchestre ?

— La troisième basse ?

— Non, la quatrième, là, tenez, là !

— Parfaitement.

— Eh bien ! c'est lui.

— Tiens, c'est étonnant !

— Il n'a pas l'air d'un chasseur, n'est-ce pas ?

— Ma foi, non !

— Eh bien, vous m'en direz des nouvelles.

Rassuré par cette promesse, je revins au spectacle.

Le théâtre de Marseille n'est ni meilleur ni plus mauvais que les autres : on y joue la comédie un peu mieux qu'à Tours, l'opéra un peu plus mal qu'à

Lyon, le mélodrame à peu près comme aux Folies-Dramatiques, et le vaudeville comme partout.

Il y avait par hasard ce soir-là chambrée complète ; une petite troupe italienne qui se trouvait à Nice avait un beau matin passé le Var, et était venue chanter du Rossini à Marseille, où elle avait le plus grand succès. Parce qu'ils parlent provençal, les Marseillais se figurent qu'ils aiment la musique italienne.

Comme je ne suis pas un mélomane frénétique, et que la crainte de perdre quelques notes n'était point assez puissante pour me distraire de mes éternelles investigations, je levai les yeux au-dessus du lustre pour y chercher le fameux plafond de Réatu, dont j'avais tant entendu parler. Il représente Apollon et les Muses jetant des fleurs sur le Temps. Malgré la vieillerie du sujet, il mérite véritablement la réputation qu'il a, et c'est une des chose qu'il faut voir à Marseille.

Seulement je ne donnerai pas à mes amis le conseil d'aller le voir les jours d'opéra.

La *Semiramide* finie, — on jouait, pardieu bien, la *Semiramide*, — Méry fit un geste d'intelligence à la quatrième basse, qui y répondit par un signe correspondant. Le geste de Méry voulait dire : Nous vous attendons chez Sybillot. — Le signe de la quatrième basse signifiait : Je reporte mon instrument chez moi, et je vous rejoins dans cinq minutes. Deux sourds et muets n'auraient pas dit plus de choses en moins de temps.

En effet, à peine étions-nous chez Sybillot, que notre chasseur arriva. Méry nous présenta l'un à l'autre, puis nous nous mîmes à table.

Pendant tout le souper, on pelota pour se reconnaître. Chacun raconta force charges ; seul, M. Louët ne raconta rien. Il paraît que rien ne donne de l'appétit comme de faire aller une main horizontalement et l'autre perpendiculairement; mais il écouta tout, ne perdit ni un coup de dent ni une parole, approuvant seulement de la tête les beaux coups que nous avions faits, et accompagnant son approbation d'une espèce de petit grognement nazal, quand l'anecdote lui paraissait très intéressante. Nous nous plaignions des yeux à Méry de ce silence; mais Méry nous faisait signe qu'il fallait laisser le temps à l'appétit de se satisfaire, que chaque chose aurait son temps, et que nous ne perdrions rien pour attendre. — En effet, au dessert, M. Louët poussa une espèce d'exclamation qui voulait dire à peu près : Ma foi, j'ai bien soupé. — Méry vit que le moment était venu : il demanda un bol de punch et des cigarres. A deux cents lieues de Paris, le punch est encore l'accompagnement obligé du dessert d'un souper de garçons.

— M. Louët se renversa sur sa chaise, nous regarda tous les uns après les autres, comme s'il nous apercevait pour la première fois, accompagnant cette inspection d'un sourire bienveillant ; puis avec ce doux soupir de satisfaction du gourmet rassasié : — Ah ! ma foi, j'ai bien soupé ! dit-il.

— Monsieur Louët, un cigarre, dit Méry. C'est excellent pour la digestion.

—Merci, mon illustre poète, répondit M. Louët, jamais je ne fume; je prendrai seulement un verre de punch, avec la permission de ces messieurs.

— Comment donc, monsieur Louët ! mais il est venu à votre intention.

— Vous êtes trop honnête, Messieurs.

— Puisque vous ne fumez pas, M. Louët...

— Non, je ne fume jamais! De mon temps on ne fumait pas encore, Messieurs. Ce sont les Cosaques qui vous ont apporté cela avec les bottes. Moi, je n'ai jamais quitté les souliers, et je suis toujours resté fidèle à la tabatière. Eh! eh! je suis national, moi!

Et à ces mots, M. Louët tira de sa poche une tabatière à miniature, et l'étendit vers nous. Nous refusâmes, à l'exception de Méry, qui, voulant flatter M. Louët, le prenait par son faible.

— Il est excellent votre tabac! monsieur Louët; il n'est pas possible que ce soit du tabac de régie.

— Eh! mon Dieu! si, Monsieur; seulement je l'arrange. C'est un secret que m'a donné un cardinal, pendant que j'étais à Rome.

— Ah! vous avez été à Rome? demandai-je à M. Louët.

— Oui, Monsieur; j'y suis resté quelque dix-neuf ou vingt ans.

— M. Louët! reprit Méry, je disais donc que, puisque vous ne fumez pas, vous devriez bien raconter à ces messieurs votre chasse au chastre.

— Qu'est-ce qu'un chastre? demandai-je.

— Un chastre! me dit Méry. Vous ne connaissez pas le chastre! Dites donc, monsieur Louët! il ne connaît pas le chastre, et il se vante d'être chasseur!

Le chastre, mon ami, c'est un oiseau augural; c'est le *rara avis* du satirique latin.

— Une espèce de merle, continua M. Louët, mais excellent à la broche.

— Alors, monsieur Louët, racontez-lui donc votre chasse au chastre !

— Je ne demande pas mieux que de me rendre agréable à la société, dit gracieusement M. Louët.

— Écoutez, Messieurs ! écoutez ! dit Méry. Vous allez entendre une des chasses les plus extraordinaires qui aient été faites depuis Nemrod jusqu'à nous. Je l'ai entendu raconter vingt fois, moi, et je refais toujours connaissance avec elle avec un nouveau plaisir. Un second vers de punch à M. Louët ! Là, bien ! Commencez, monsieur Louët, on vous écoute.

— Vous savez, Messieurs, dit M. Louët, que tout Marseillais est né chasseur !

— Eh ! mon Dieu ! oui, interrompit Méry en poussant la fumée de son cigarre ; c'est un phénomène physiologique que je n'ai jamais pu m'expliquer ; mais il n'en est pas moins vrai que c'est comme cela. Les desseins de Dieu sont impénétrables.

— Malheureusement, ou heureusement peut-être, car il est incontestable que leur présence est rangée parmi les fléaux de l'humanité; malheureusement, ou heureusement, donc, continua M. Louët, nous n'avons sur le territoire de Marseille ni lions ni tigres; mais nous avons le passage des pigeons.

— Hein! fit Méry. Quand je vous l'avais dis, mon cher... ils y tiennent.

— Mais certainement, reprit M. Louët visiblement piqué, certainement. Quoi que vous en disiez, le passage des pigeons a lieu. D'ailleurs, ne m'avez-vous pas prêté, l'autre jour, un livre de M. Cooper où ce passage est constaté : *les Pionniers ?*

— Ah! oui, constaté en Amérique.

— Eh bien! s'ils passent en Amérique, pourquoi ne passeraient-ils pas à Marseille? Les bâtiments qui vont d'Alexandrie et de Constantinople en Amérique y passent bien. Ah!

— Ceci est juste, répondit Méry étourdi du coup. — Je n'ai plus rien à dire. — Comment n'avais-je point pensé à cela? — Monsieur Louët, donnez-moi la main. Jamais je ne vous contredirai plus sur ce sujet.

— Monsieur, la discussion est libre.

— C'est vrai, mais je la ferme. — Continuez, monsieur Louët.

— Je disais donc, Monsieur, qu'à défaut de lions et de tigres, nous avons la passée des pigeons. M. Louët s'arrêta un instant pour voir si Méry le contredirait.

Méry fit un signe de tête approbatif et dit.

— C'est vrai. — Ils ont la passée des pigeons.

M. Louët, satisfait de cet aveu, continua :

— Vous comprenez qu'un chasseur ne laisse point passer une époque comme celle-là sans aller se mettre chaque matin à son poste. — Je dis chaque matin, car, n'étant occupé au théâtre que le soir, j'ai heureusement mes matinées libres. — Or, c'était en 1810 ou 1811, j'avais trente-cinq ans, Messieurs, ce qui veut dire que j'étais un peu plus leste que je ne le suis maintenant, quoique, Dieu merci, comme vous le voyez, Messieurs, je me porte assez bien. — Nous fîmes un signe d'approbation. — J'étais donc un matin à mon poste, avant le jour, comme d'habitude. J'avais attaché au cimeau mon pigeon privé, qui se débattait comme diable, lorsqu'il me sembla voir à la lueur des étoiles quelque chose qui se reposait sur mon pin. Malheureusement il ne faisait pas encore assez jour pour que je distinguasse si c'était une chauve-souris ou un oiseau. Je me tins coi, l'animal en fit autant, et j'attendis, préparé à tout évènement, que le soleil se levât.

A ses premiers rayons, je reconnus que c'était un oiseau.

Je sortis doucement le canon de mon fusil de la hutte. J'épaulai d'aplomb, et quand je le tins bien là !... j'appuyai le doigt sur la gâchette.

Monsieur, j'avais eu l'imprudence de ne pas décharger mon fusil; chargé de la veille, mon fusil fit long feu.

N'importe, je vis bien à la manière

dont l'oiseau s'était envolé qu'il en tenait. Je le suivis du regard jusqu'à la remise. Puis je reportai les yeux vers mon poste. Messieurs, une chose étonnante, j'avais coupé la ficelle de mon pigeon, et mon pigeon était parti. Je compris bien que ce jour-là, n'ayant pas d'appeleur, je perdrais mon temps au poste. Je me décidai donc à me mettre à la poursuite de mon chastre; car j'ai oublié de vous dire, Messieurs, que cet oiseau c'était un chastre.

Malheureusement je n'avais pas de chien. A la chasse au poste, le chien devient un animal non-seulement inutile, mais insupportable. Donc, n'ayant pas de chien, je ne pouvais pas compter sur l'arrêt de mon chien; il me fallut battre les buissons moi-même. Le chastre avait couru à pied; il partit derrière moi quand je le croyais devant. Je me retournai au bruit de ses ailes, je lui envoyai mon coup de fusil au vol. — Un coup de fusil perdu, comme vous comprenez bien. — Cependant je vis voler des plumes.

— Vous vîtes voler des plumes? dit Méry.

— Oui, Monsieur, j'en retrouvai même une que je mis à ma boutonnière.

— Alors, si vous vîtes voler des plumes, reprit Méry, c'est que le chastre était touché.

— Ce fut mon opinion aussi. Je ne l'avais pas perdu de vue, je m'élançai à sa poursuite. Mais vous comprenez, l'animal était sur pied, il partit hors de portée. Je lui envoyai tout de même mon coup de fusil. — Un grain de plomb. — Qui sait? — On ne sait pas où cela va, un grain de plomb !

— Un grain de plomb ne suffit pas pour un chastre, dit Méry en secouant la tête; le chastre a la vie diablement dure.

— Ceci est une vérité, Monsieur, car le mien était déjà touché de mes deux premiers coups, j'en suis certain, et cependant il fit un troisième vol, de près d'un kilomètre. Mais c'est égal, du moment où il était posé, j'avais juré de le rejoindre : je me mis à sa poursuite. — Oh ! le gredin ! il savait bien à qui il avait affaire, allez ! Il partait à des cinquante pas, à des soixante pas ; n'importe, Monsieur, je tirai toujours. J'étais comme un tigre. Si je l'avais tenu, je l'aurais dévoré tout vivant. Avec cela, je commençais à avoir très faim ; heureusement que, comme je comptais rester au poste toute la journée, j'avais pris mon déjeuner et mon dîner dans ma carnassière... Je mangeai tout en courant.

— Pardon ! dit Méry interrompant M. Louët; une simple observation de localités. Voici, mon cher Dumas, la différence entre les chasseurs du Nord et les chasseurs du Midi; elle ressort, comme vous avez pu le voir, des propres paroles de M Louët; — Le chasseur du Nord emporte sa carnassière vide, et la rapporte pleine; le chasseur du Midi emporte sa carnassière pleine, et la rapporte vide. — Maintenant, reprenez votre narration, mon cher monsieur Louët; j'ai dit. — Et Méry se mit à presser amoureusement des lèvres le trognon de son cigarre.

— Où en étais-je ? demanda M. Louët, à qui l'interlocution de Méry avait fait perdre le fil de son discours.

— Vous franchissez plaines et montagnes à la poursuite de votre chastre.

— C'est la vérité, Monsieur ; ce n'était plus du sang que j'avais dans les veines, c'était du vitriol ! — Nous autres, têtes de feu, l'irritation nous rend féroces, et j'étais on ne peut plus irrité. Mais le maudit chastre, Monsieur, il était ensorcelé; on eût dit l'oiseau du prince Caramalzaman ! — Je laissai à droite Cassis et la Ciotat ; j'entrai dans la grande plaine qui s'étend de Ligne à Saint-Cyr. Il y avait quinze heures que je marchais sans arrêter, tantôt à droite, tantôt à gauche, car si c'eût été en ligne droite, j'eusse dépassé Toulon : les jambes me rentraient dans le ventre. Quant au diable de chastre, il n'y paraissait pas. Enfin, je vis venir la nuit ; à peine me restait-il une demi-heure de jour pour rejoindre mon infernal oiseau ! — Je fis vœu à Notre-Dame-de-la Garde de lui accrocher dans sa chapelle un chastre d'argent, si j'arrivais à rejoindre le mien. Pécaire! sous prétexte que je n'étais pas marin, elle ne fit pas semblant de m'entendre... La nuit venait de plus en plus. J'envoyai à mon chastre un dernier coup de fusil de désespoir ! — Il aura entendu siffler le plomb ! Monsieur ; car, à cette fois-là, il fit un tel vol, que j'eus beau le suivre des yeux, je le vis se fondre et se perdre dans le crépuscule : c'était dans la direction du village de Saint-Cyr ; il n'y avait pas à penser de revenir à Marseille. Je me décidai à aller coucher à Saint-Cyr : heureusement, ce soir-là, il n'y avait pas théâtre.

J'arrivai à l'hôtel de l'Aigle-Noir, mourant de faim. Je dis à l'hôte, vieille connaissance à moi, de me préparer à souper et de me faire couvrir un lit ; puis je lui racontai mon aventure. Il me fit bien expliquer où j'avais perdu mon chastre de vue. Je lui indiquai du mieux que je pus. Il réfléchit un instant ; — puis :

— Votre chastre ne peut être que dans les bruyères, à droite du chemin, me dit-il.

— Justement ! m'écriai-je ; c'est là que je l'ai perdu... S'il y avait de la lune, je vous y conduirais.

— Oui, oui ! c'est une remise à chastres ; c'est bien connu, cela.

— Vraiment !

— Demain, au point du jour, si vous

voulez, je prendrai mon chien, et nous irons le faire lever?

— Pardieu! je veux bien!... Il ne sera pas dit qu'un misérable volatile m'aura fait aller! Et vous croyez que nous le retrouverons?

— Sûr!

— Eh bien! voilà qui va me faire passer une bonne nuit. N'y allez pas sans moi, au moins.

— Ah! par exemple!

Comme je ne voulais pas que même chose que le matin m'arrivât, je débourrai mon fusil et je le lavai. — Il était sale, Monsieur, que vous ne pouvez vous en faire une idée; le fait est que j'avais bien tiré cinquante coups dans la journée, et que si le plomb poussait, il y en aurait eu une belle traînée de Marseille à Saint-Cyr. — Puis, cette précaution prise, je mis le canon dans la cheminée pour qu'il séchât pendant la nuit; je soupai, je me couchai et je dormis, les poings fermés, jusqu'à cinq heures du matin, à cinq heures du matin mon hôte me réveilla.

Comme je comptais retourner à Marseille par le même chemin que j'étais venu, j'avais pris, dès la veille, la précaution de garnir ma carnassière des restes de mon souper. — C'est mon droit, Monsieur, je l'avais payé. Je mis donc ma carnassière sur mon dos; je descendis, je remontai mon fusil, et tirai ma poire à poudre pour le recharger; ma poire à poudre était vide.

Mon hôte, heureusement, avait des munitions. Entre chasseurs, vous savez Monsieur, la poudre et le plomb, cela s'offre et cela s'accepte: mon hôte, m'offrit sa poudre; je l'acceptai. Je flambai mon fusil, puis je le chargeai. J'aurais dû voir au grain de cette maudite poudre qu'il y avait quelque chose; je n'y fis pas attention. Nous partîmes, mon hôte, moi et Soliman: son chien s'appelait Soliman.

— Et le vôtre, monsieur Jadin, comment s'appelle-t-il?

— Il s'appelle Mylord, répondit Jadin.

— C'est un joli nom, poursuivit M. Louët en s'inclinant; mais le chien de mon hôte ne s'appelait pas Mylord, il s'appelait Soliman. C'était un crâne chien tout de même; car à peine étions-nous dans les bruyères, qu'il tomba en arrêt ferme comme un pieu.

— Voilà votre chastre, me dit mon hôte.

En effet, je m'approchai, je regardai

devant son nez, et je vis mon chastre, Monsieur, à trois pas de moi. Je le mis en joue. — Qu'est-ce que vous allez donc faire? me cria mon hôte; mais vous allez le mettre en canette... c'est un assassinat; sans compter encore que vous pourrez bien envoyer du plomb à mon chien. — C'est juste, répondis-je. Et je me reculai à dix pas, une belle portée. Soliman était fiché en terre, Monsieur, on aurait dit le chien de Céphale. Le chien de Céphale fut changé en pierre, comme Monsieur sait.

—Non, je ne savais, répondis-je en souriant.

— Ah!... eh bien! cet animal eut ce malheur.

— Pauvre bête! dit Méry.

— Soliman tenait l'arrêt que c'était une merveille. Il y serait encore, Monsieur, si son maître ne lui avait pas crié pille, pille! A ce mot... il s'élance, le chastre s'envole. Je l'encadre, Monsieur, comme jamais chastre n'a été encadré. Je le tenais là... au bout de mon fusil. Hein!... Le coup part. Poudre éventée, Monsieur, poudre éventée. Rien!...

— Ah bien! voisin, me dit mon hôte, si vous ne lui faites pas plus de mal que cela, il pourra bien vous conduire à Rome.

— A Rome? dis-je. Eh bien! quand je devrais le suivre jusqu'à Rome, je le suivrai. J'ai toujours eu envie d'aller à Rome, moi! j'ai toujours eu envie de voir le pape!... — Qui peut m'empêcher de voir le pape? — Est-ce vous?... — J'étais furieux! vous comprenez? — S'il m'avait répondu la moindre chose, je crois que je lui aurais donné mon second coup de fusil dans le ventre, Mais, au lieu de cela : — Ah! me dit-il, vous êtes bien libre d'aller où vous voudrez! bon voyage... Voulez-vous que je vous laisse mon chien? vous me le rendrez en repassant... — Ce n'était pas de refus, vous comprenez? un chien qui tient l'arrêt comme lui, ferme! — Mais oui, je veux bien ! dis-je. Alors, appelez-le... Soliman ! Soliman ! allez, suivez Monsieur... — Tout le monde sait qu'un chien de chasse suit le premier chasseur venu : aussi Soliman me suivit. Nous partîmes : cet animal était l'instinct en personne. Figurez-vous : Il avait vu se remettre le chastre, il alla droit dessus ; mais j'eus beau lui regarder sous le nez, je ne vis rien. Cette fois, quand j'aurais dû le pulvériser, je ne lui aurais pas fait grâce ! Point du tout ! Voilà que pendant que je le cherchais, courbé comme cela, mon diable de chastre s'envole !.:. Je lui envoie mes deux coups, Monsieur !... Pan ! pan ! Poudre éventée, Monsieur ! poudre éventée!... Soliman me regarde d'un air qui veut dire : — Qu'est-ce que c'est que cela?... — Le regard de ce chien m'humilia. Je lui répondis comme s'il avait pu m'entendre : — Ce n'est rien, ce n'est rien ; tu vas voir... — Monsieur, on eût dit qu'il comprenait ! Il se remit en quête, cet animal. Au bout de dix minutes, il s'arrête... Un bloc ! Monsieur, un véritable bloc ! C'était toujours mon chastre... J'allais devant le nez du chien, piétinant comme si j'étais sur la tôle rouge. Dans les jambes ! Monsieur ; il me passa littéralement dans les jambes ! Je ne me possédai pas assez ; je le tirai au premier coup trop près, et du second coup trop loin. Le premier coup fit balle, et passa à côté du chastre ; le second coup écarta trop, et le chastre passa dedans. C'est alors qu'il m'arriva une de ces choses... une de ces choses que je ne devrais pas répéter, si je n'étais pas si véridique... Ce chien, qui, du reste, était plein d'intelligence, ce chien me regarda un instant d'un air très goguenard. Puis, s'en étant venu tout près de moi, tandis que je rechargeais mon fusil, il leva la patte, Monsieur ! me fit de l'eau sur ma guêtre, et reprit le chemin par lequel il était venu !! Vous comprenez, Monsieur, que si c'eût été un homme qui m'eût fait une pareille insulte, il aurait eu ma vie, ou j'aurais eu la sienne. Mais que voulez-vous que l'on dise à un animal que Dieu n'a pas doué de raison?...

— Monsieur, dit Jadin, je vous prie de croire que Mylord est incapable de commettre une pareille incongruité.

— Je le crois, Monsieur, je le crois, répondit M. Louët; mais Soliman me la fit, Monsieur, cette incongruité, car vous avez dit le mot. Je ne l'avais pas trouvé, moi. — Cela, comme vous comprenez bien, ne fit qu'augmenter ma rage. Je me promis, quand j'aurais tué mon chastre, de le lui faire passer devant le nez. De ce moment, vous comprenez que le chemin de Marseille fut oublié. De remise en remise, Monsieur, j'arrivai. Devinez où j'arrivai, Monsieur ?

J'arrivai à Hyères. Je n'avais jamais vu Hyères ; je la reconnus à ses orangers. J'adore les oranges, je résolus d'en manger tout à mon aise ; d'ailleurs j'avais besoin de me rafraîchir : vous comprenez qu'une course pareille échauffe. J'étais à quatorze lieues de pays de Marseille ; c'était deux jours pleins pour y retourner. Mais il y avait longtemps que j'avais envie de venir à Hyères et de manger des oranges sur l'arbre. Je donnai donc le chastre à tous les diables, Monsieur, car je commençais à croire que ce misérable oiseau était enchanté. Je l'avais vu passer par dessus les murs de la ville et s'abattre dans un jardin. Allez donc me retrouver un chastre dans un jardin, et cela sans chien encore! c'était, comme on dit, une aiguille dans une botte de foin. J'entrai donc en soupirant dans un hôtel : je demandai à souper, et la permission d'aller manger des oranges en attendant dans le jardin ; bien entendu qu'on me les mettrait sur ma carte, je ne comptais pas les manger pour rien, ces oranges. La permission me fut accordée.

— J'étais moins fatigué que la veille, Monsieur, ce qui prouve que l'on s'habitue à la marche ; aussi je descendis tout de suite au jardin. C'était au mois d'octobre, la véritable époque pour les oranges. Figurez-vous deux cents orangers en pleine terre, le jardin des Hespérides, moins le dragon. Je n'eus qu'à étendre la main, des oranges plus grosses que la tête. Je mordais dedans, je mordais à même, comme un Normand dans une pomme, quand tout à coup j'entends : Pi, pi, pi, piiiii, pi !

— C'est le chant du chastre, comme si vous l'entendiez, dit Méry en prenant un autre cigarre dans l'assiette.

— Je m'accroupis, Monsieur, je fixe mes yeux dans le rayon de lumière qui venait de la Grande-Ourse, et entre moi et la Grande-Ourse, au sommet d'un laurier, j'aperçois mon chastre, posé, Monsieur, posé à quinze pas... Je tendis la main pour chercher mon fusil ; le malheureux fusil, il était dans la cheminée de la cuisine. Je le voyais d'où j'étais, là, — dans son coin, le fainéant ; — je mettais le chastre en joue avec mes deux doigts, et je disais : Ah! gredin! ah!... tu es bien heureux... Oui... chante... chante... si j'avais mon fusil, je te ferais chanter, moi.

— Mais pourquoi ne l'alliez-vous pas chercher ? lui demandai-je.

— Oui, pour qu'il se sauvât pendant ce temps, pour qu'il prît son vol vers des régions inconnues. Non, non ; j'avais fait un autre plan que cela. Je me disais, — suivez bien mon raisonnement : — J'ai commandé le souper, plus tôt ou plus tard il sera prêt ; alors l'aubergiste viendra me chercher. Il sait que je suis dans son jardin, cet homme ; et je lui dirai : Mon ami, faites-moi le plaisir d'aller me chercher mon fusil. — Comprenez-vous ?

— Hum ! dit Méry, comme c'était profondément pensé !

— Je restai donc accroupi les yeux sur mon chastre. Il chantait, il se pluchait, il faisait sa toilette. Tout à coup j'entends des pas derrière moi ; je fais signe de la main pour recommander le silence. —

Ah! pardon, je vous gêne? dit l'aubergiste. — Non pas, non pas, lui répondis-je; venez ici seulement. — Il s'approcha. — Regardez là, là, tenez, dans cette direction.

— Eh bien! c'est un chastre, me dit-il.

— Chut! allez me chercher mon fusil.

— Pourquoi faire?

— Allez me chercher mon fusil.

— Vous voulez le tuer, cet oiseau!

— C'est mon ennemi personnel..

— Ah! ça ne se peut pas.

— Comment, cela ne se peut pas ?

— Non, non, il est trop tard.

— Pourquoi trop tard ?

— Oh! il y a une amende de trois francs douze sous et deux jours de prison quand on tire dans l'intérieur de la ville un coup de fusil passé l'Angélus.

— J'irai en prison et je paierai les trois francs douze sous d'amende; allez me chercher mon fusil.

— Oui, pour qu'on me déclare complice. Non, non, demain il fera jour.

— Mais demain, malheureux! m'écriai-je plus haut que la prudence ne le permettait, demain, je ne le retrouverai plus !

— Eh bien ! vous en retrouverez d'autres.

— C'est celui-là que je veux ! je n'en veux pas d'autres ! Mais vous ne savez donc pas que je le poursuis depuis Marseille, ce gueux-là ! que je veux l'avoir, mort ou vif, pour le plumer, pour le manger, pour... Allez me chercher mon fusil !

— Non, je vous l'ai dit ; merci, je n'ai pas envie d'aller en prison pour vous.

— Eh bien ! je vais l'aller chercher moi-même.

— Allez ! mais je vous réponds bien

que vous ne le retrouverez plus, le chastre.

— Vous serez capable de le faire envoler? dis-je à l'aubergiste en le saisissant au collet.

—Prrrrouuu! fit l'aubergiste.

Je lui mis la main sur la bouche.

— Eh bien! non! lui dis-je. Non! allez me chercher mon fusil; je vous donne ma parole d'honneur que je ne tirerai pas avant l'Angelus. Parole d'honneur! foi d'honnête homme! Là, êtes-vous content? Allez me chercher mon fusil; je passerai la nuit là; puis demain, au dernier coup de l'Angélus, pan! je le tue.

— Peuh!—Parole de chasseur. Faisons mieux que cela.

— Faisons quoi?—Oh! mais regardez-le donc; mais il nous insulte. — Voyons, dites vite, — faisons quoi?

—Restez là, puisque c'est votre plaisir : on vous y apportera à souper; vous ne manquerez de rien; puis, après, souper, si vous voulez dormir, vous avez le gazon.

—Dormir! ah! oui, vous me connaissez bien! je ne fermerai pas l'œil de la nuit! pour qu'il s'en aille pendant que je dormirai.

— Et demain...

— Et demain ?

— Et demain, à l'Angélus sonnant, je vous apporte votre fusil.

— Aubergiste, vous abusez de ma position.

— Que voulez-vous ? c'est à prendre ou à laisser.

— Vous ne voulez pas m'aller chercher mon fusil, n'est-ce pas ? une fois, deux fois, trois fois ?

— Non.

— Eh bien ! allez me chercher mon souper alors, et faites le moins de bruit possible en me l'apportant.

— Oh ! il n'y a pas de danger : du moment où il n'est point parti avec le sabbat que nous avons fait, il ne partira pas. Eh ! tenez, le voilà qui se couche.

En effet, Monsieur, cet animal mettait la tête sous son aile ; car Monsieur n'ignore pas que c'est la manière de dormir de presque tous les volatiles !

— Oui, je sais cela.

— Il avait la tête sous l'aile, c'est-à dire qu'il ne pouvait pas me voir ; si bien que, si, au lieu d'être à quinze pieds de hauteur, il eût été à ma portée, je pouvais m'approcher de lui, Monsieur, et le prendre comme je prends ce verre de punch. Malheureusement il était trop haut; en conséquence, je m'assis et j'attendis mon hôte. Il me tint parole; car, il faut que je le dise, cet homme était honnête. Son vin était bon, pas si bon que celui que vous nous avez donné ce soir, Messieurs, et son souper comfortable. Il n'y a pas de comparaison avec le nôtre, mais le nôtre était un souper de Balthasar, et le sien était tout bonnement un souper d'auberge.

Nous nous inclinâmes en signe de remerciement.

— Mais que l'homme est une créature faible, Monsieur! A peine eus-je soupé, que je sentis le sommeil qui venait; mes yeux se fermèrent malgré moi, je les rouvris, je les frottai, je me pinçai les cuisses, je me mordis le petit doigt. Inutile, Monsieur, j'étais abruti : autant valait dormir, et je m'endormis.

Je rêvai que l'arbre sur lequel était mon chastre rentrait en terre, comme les arbres du théâtre de Marseille. — Avez-vous été sur le théâtre de Marseille, Monsieur ? il est parfaitement machiné. L'autre jour, imaginez-vous qu'on jouait *le Monstre* : c'était M. Aniel de la Porte-Saint-Martin qui jouait *le Monstre*. Vous avez dû le connaître, M. Aniel ?

Je lui fis signe que j'avais eu cet avantage.

— J'avais à lui parler. Aussitôt la toile

baissée, je m'élance sur le théâtre. Monsieur, je ne fais pas attention à la trappe par laquelle il s'est enfoncé : — vlan ! je m'enfonce par la même trappe. Je me crus pulvérisé; heureusement le matelas y était encore. Le machiniste venait pour l'ôter, justement; il me voit les quatre fers en l'air : — N'est-ce pas M. Aniel que vous cherchez ? me dit-il. Il vient de passer à l'instant par ici, et il doit être maintenant à sa loge.—Je lui dis : Merci, mon ami, — et je monte à sa loge ; il y était effectivement.

C'est pour vous dire seulement comme le théâtre de Marseille est bien machiné.

Je rêvais donc que l'arbre sur lequel était mon chastre rentrait en terre, de sorte que je prenais ce misérable oiseau à la main. Cela me fit un tel effet, que je me réveillai.

L'oiseau était toujours à sa même place.

Cette fois je ne me rendormis plus ; j'entendis sonner deux heures, trois heures, quatre heures.

L'aurore parut. Le chastre se réveilla ; j'étais sur les épines. Enfin j'entendis tinter les premiers coups de l'Angélus ; je ne respirais pas, Monsieur.

Mon hôte me tint parole : à la moitié

de l'Angélus, il parut avec mon fusil. Je tendis le bras sans perdre des yeux mon oiseau, et en faisant de la main signe à l'aubergiste de se dépêcher ; mais ce ne fut qu'au dernier coup de l'Angélus qu'il me donna le fusil.

Au moment où il me donnait le fusil, Monsieur, le chastre jeta un petit cri et s'envola.

Je me cramponnai au mur, je montai dessus : j'aurais monté sur le clocher des Accoules. Il se remit dans un champ de chènevis. Cet animal n'avait pas déjeuné, Monsieur, et la nature lui parlait.

Je sautai de l'autre côté du mur, en

jetant à l'aubergiste un petit écu pour son souper, et je me mis en course vers le champ de chènevis. J'étais si préoccupé de mon chastre, que je ne vis pas le garde champêtre, qui me suivait ; de sorte qu'au moment où j'étais au milieu du champ, où j'allais le faire lever, Monsieur, je sentis qu'on me prenait au collet. Je me retournai : c'était le garde champêtre !

— Au nom de la loi, me dit-il, vous allez me suivre chez le maire.

— En ce moment le chastre partit.

J'aurais eu autour de moi un régiment de grenadiers, que je l'aurais traversé au pas de charge pour suivre mon chastre. Je renversai le garde champêtre comme un capucin de carte, et je m'élançai hors de ce territoire inhospitalier.

Heureusement l'oiseau avait fait un grand vol, de sorte que je me trouvai loin de mon antagoniste. Quand je fus arrivé à l'endroit où il s'était remis, j'étais tellement essoufflé d'avoir couru, Monsieur, que je ne pus jamais le trouver au bout de mon fusil. Mais je lui dis : — Ce qui est différé n'est point perdu ; — et je me remis à sa poursuite.

Monsieur, je marchai toute la journée. — Cette fois, je n'avais rien dans ma carnassière. Je mangeais des fruits sauvages, je buvais l'eau des torrents. La sueur me ruisselait du front; je devais être hideux à voir.

J'arrivai sur les bords d'un fleuve sans eau.

— C'était le Var, dit Méry.

— Justement, Monsieur, c'était le Var. Je le traversai sans me douter que je foulais un sol étranger. Mais n'importe : je voyais mon chastre sautiller à deux cents pas devant moi, sur un sol où il n'y avait pas une touffe où il pût se cacher.— Je m'approchai à pas de loup, le mettant en joue de dix pas en pas. Il était à trois portées de fusil, Monsieur, quand, tout-à-coup, un épervier, un coquin d'épervier, qui tournait en rond au-dessus de ma tête, se laisse tomber comme une pierre, empoigne mon chastre, et disparaît avec lui.

Je restai anéanti, Messieurs. C'est alors que je sentis toutes mes douleurs. J'avais le corps couvert de plaies que je m'étais faites aux ronces du chemin. Mes entrailles étaient bouleversées de la nourriture avec laquelle j'avais cru leur donner le change. Je tombai sur le bord de la route.

Un paysan passa.

— Mon ami, lui dis-je, y a-t-il une ville

quelconque, un village, une cabane, dans les environs?

— *Gnor si*, me répondit-il, *cé la citta di Nizza, un miglia avanti.*

— J'étais en Italie, Monsieur, et je ne savais pas un mot d'italien : tout cela pour un maudit chastre !

Il n'y avait pas deux partis à prendre. Je me relevai comme je pus, je m'appuyai sur mon fusil comme sur un bâton. Je mis une heure et demie à faire ce mille. Je n'étais soutenu que par l'espérance, Monsieur, l'espérance m'avait abandonné, et je sentais toute ma faiblesse.

Enfin j'entrai dans la ville : je demandai au premier passant venu l'adresse d'une auberge ; car, comme vous comprenez, j'avais besoin de me refaire. Heureusement celui auquel je m'adressai parlait le français le plus pur; il m'indiqua l'hôtel d'York. C'était le meilleur hôtel.

Je demandai une chambre pour un et un souper pour quatre.

— Monsieur attend trois de ses amis ? me demanda le garçon.

— Faites toujours, répondis-je. Le garçon sortit.

Je mis alors la main à la poche pour

voir de quelle somme je pouvais disposer à mon souper, car je croyais que je ne serais jamais rassasié. Monsieur, je retirai ma main avec une sueur froide; je crus que j'allais m'évanouir.

Ma poche était trouée, Monsieur! Comme c'était au commencement du mois, et que je venais de toucher mes appointements, j'avais pris quelques pièces de cent sous sur mon mois; leur poids avait troué la toile de mon gousset, et je les avais semées avec mon plomb sur la route d'Hyères à Nice. Je fouillai dans toutes mes poches, Messieurs : pas une obole ! je n'aurais pas eu de quoi passer le Styx.

Mon souper commandé pour quatre personnes me revint à l'esprit, et je sentis mes cheveux se dresser sur ma tête.

Je courus à la sonnette et je me pendis après.

Le garçon crut qu'on m'égorgeait. Il accourut.

— Garçon! dis-je, garçon! avez-vous commandé le souper?

— Oui, Monsieur.

— Décommandez-le, alors. Décommandez-le à l'instant même.

— Et les amis de Monsieur?

— Ils viennent de me crier par la fenêtre qu'ils n'avaient pas faim.

— Mais cela n'empêche pas Monsieur de souper ?

— Vous comprenez, lui dis-je avec impatience, que si mes amis n'ont pas faim, je n'ai pas faim non plus, moi.

— Monsieur a donc dîné bien tard ?

— Très tard.

— Et Monsieur n'a besoin de rien ?

Je lui dis ce peu de paroles d'un ton qui l'attéra. Aussi sortit-il aussitôt, et je l'entendis répondre à un de ses camarades qui lui demandait qui j'étais :

— Je n'en sais rien ; mais il faut que ce soit quelque mylord, car il est bien insolent !

— Moi un mylord! Messieurs, vous qui connaissez quelle était ma position!... ce garçon, comme vous le voyez, n'était pas physionomiste.

La position n'était point agréable. Mes habits étaient en lambeaux et ne présentaient plus aucune valeur; il n'y avait que mon fusil qui me restât. Mais savais-je ce que l'on me donnerait de mon fusil? Fort peu de chose, peut-être. J'avais bien aussi au doigt un solitaire; mais c'était un sentiment, Messieurs; il me venait d'une personne aimée, et j'aurais préféré mourir de faim que de m'en dessaisir. Je me rappelai donc le proverbe : QUI DORT DINE. Je présumai que cela pouvait s'appliquer aussi bien à un repas qu'à un autre. Je m'enfonçai dans mon lit, et, ma foi ! Messieurs, chose incroyable ! j'étais si fatigué, que malgré ma faim et mes inquiétudes, je m'endormis.

Je me réveillai avec une faim canine, — Comme vous le savez, Messieurs, cela se dit non seulement des animaux, mais encore de l'homme, lorsque la faim est poussée chez lui à la dernière période.

Je m'assis sur mon lit pour délibérer sur ce qu'il me restait à faire, tournant mon pouce droit autour de mon pouce gauche avec une inquiétude croissante, quand tout à coup j'aperçus dans un coin de ma chambre un violoncelle ; je poussai un cri de joie.

— Vous me direz, Messieurs, qu'a de commun un violoncelle avec un homme qui n'a ni dîné ni soupé, si ce n'est qu'ils ont tous deux l'estomac vide ?

Il y avait de commun, Messieurs, que c'était un visage que je reconnaissais en pays étranger; c'était presque un ami; messieurs; car on peut dire sans fatuité que lorsqu'on a tenu un instrument entre ses bras depuis dix ans, on doit être lié avec lui. Et puis j'ai toujours remarqué que rien ne me fait venir les idées à moi comme le son de la basse. — Vous êtes musicien. Monsieur.

— Hélas! non, Monsieur.

— Mais vous aimez la musique?

— C'est, en général, le bruit qui m'importune le plus.

— Cependant, lorsque vous entendez chanter un rossignol?

— Je lui crie, le plus haut que je puis : Veux-tu te taire, vilaine bête!

Méry haussa les épaules avec un signe de profond mépris, et en me lançant un regard exterminateur.

— Défaut d'organisation! s'écria M. Louët, qui craignait de voir cesser la bonne harmonie qui régnait entre nous.

— Monsieur est bien plutôt à plaindre qu'à blâmer. — C'est un cinquième sens qui lui manque. — Je vous plains, Monsieur.

— Eh bien! Monsieur Louët, dit Méry, je suis sûr qu'à peine eûtes-vous votre basse entre les jambes, les idées vous vinrent par cinquante, par mille. Vous en aviez trop d'idées, n'est-ce pas?

— Non, Monsieur, non, ce ne furent pas précisément les idées qui vinrent, ce furent les domestiques de l'hôtel qui accoururent. Ma situation avait passé dans l'âme de cette basse. J'en tirais des sons déchirants; il y avait dans ces sons tous les regrets du pays natal, tous les tiraillements de l'estomac à jeun ; c'était de la musique expressive au premier degré. Or, comme vous le savez, les naturels du pays où je me trouvais ne sont pas comme Monsieur, ils adorent la musique. J'entendis le corridor qui s'emplissait : de temps en temps un murmure approbateur arrivait jusqu'à moi. Il y eut des battements de mains, Monsieur. Enfin la porte de ma chambre s'ouvrit, et je vis paraître le maître d'hôtel. Je donnai un dernier coup d'archet, ce coup du génie, vous savez, et je me retournai vers lui. Du moment où j'avais un instrument entre les mains, je comprenais ma supériorité sur cet homme.

— Je demande pardon à Monsieur d'être entré ainsi dans sa chambre; mais qu'il ne s'en prenne qu'à lui.

— Comment donc! répondis-je, vous êtes le maître. N'êtes-vous pas chez vous? — Il faut vous dire que j'avais le costume d'Orphée : une simple tunique.

Monsieur me parait un instrumentiste distingué.

— J'ai refusé la place de première basse à l'Opéra de Paris. — Ce n'était pas précisément vrai, Messieurs, je dois l'avouer; mais j'étais en pays étranger, et je ne voulais pas abaisser la France.

— Cependant, Monsieur, c'était une bonne place, continua l'aubergiste.

— Dix mille francs d'appointements et la nourriture. Tous les jours à déjeuner des côtelettes et du vin de Bordeaux. — Messieurs, ces deux objets me vinrent à la bouche malgré moi. — Et tout cela, Messieurs, continuai-je, par amour de l'art, pour voyager en Italie, dans la patrie du sublime Paësiello et du divin Cimarosa, — Je le flattais, cet homme.

— Et Monsieur ne s'arrête pas dans notre ville?

— Pourquoi faire?

— Mais pour donner une soirée.

— Monsieur, ce fut pour moi un trait de lumière.

— Une soirée... fis-je dédaigneusement; est-ce que vous croyez qu'une ville comme Nice me couvrirait mes frais?

— Comment, Monsieur! mais dans ce moment-ci nous regorgeons d'Anglais poitrinaires qui viennent passer l'hiver à Nice. Dans le seul hôtel d'Yorck j'en ai quinze.

— Il est vrai, Monsieur, repris-je, continuant de flatter cet homme, que c'est le meilleur hôtel de Nice. On dit surtout que la table y est excellente.

— J'espère que Monsieur en jugera avant de partir?

— Mais, je ne sais encore.

— Je n'ai pas de conseil à donner à Monsieur; mais je suis sûr qu'une soirée qu'il nous consacrerait ne serait point perdue.

— Et que croyez-vous, demandai-je négligemment, que cette soirée pourrait rapporter ?

— Si Monsieur veut me laisser faire les annonces et distribuer les billets, je la lui garantis à cent écus.

— Cent écus ! m'écriai-je.

— Ce n'est pas grand'chose, Monsieur, je le sais; mais Nice, ce n'est ni Paris ni Rome.

— C'est une charmante ville, Monsieur. — Je continuais de le flatter, cela m'avait réussi. — Et en considération de la ville... oui, si j'étais bien sûr, sans avoir à m'occuper de rien, que de prendre ma basse et de charmer l'auditoire, d'avoir cent écus de recette...

— Je vous les garantis une seconde fois, Monsieur.

— Et nourri, et nourri comme à l'Opéra de Paris ?

— Et nourri.

— Eh bien ! Monsieur, annoncez-moi, affichez-moi !

— Votre nom, s'il vous plaît ?

— M. Louët, — venu de Marseille à Nice, à la poursuite d'un chastre.

— Ceci est-il bien utile à mettre sur l'affiche ?

— C'est indispensable, Monsieur, attendu que je suis en veste de chasse, et que le respectable public niçois pourrait croire que je lui manque quand il n'en serait rien, Monsieur; ma parole d'honneur, incapable !

— Je ferai ce que vous voudrez, Monsieur... Et que jouerez-vous?

— N'annoncez rien, Monsieur; faites apporter toutes les partitions du théâtre, je les connais toutes; je jouerai huit morceaux de première importance, au choix de l'auditoire : cela flattera l'orgueil des Anglais. Comme vous le savez, Monsieur, ces insulaires sont pleins d'amour-propre.

— Eh bien! c'est dit, reprit le maître de l'hôtel; je vous garantis cent écus et je vous nourris. A l'instant même on va vous monter votre déjeuner.

— Songez, Monsieur, que c'est d'après ce prospectus que je me ferai une idée de votre manière de tenir vos engagements.

— Soyez tranquille.

Et en sortant, je l'entendis qui criait

à ses affidés : — Un déjeuner de première classe au numéro 4.

Monsieur, je regardai le numéro de ma porte : c'était moi le numéro 4.

Je ne m'en tins pas de joie ; je pris ma basse dans mes bras, et j'exécutai une sarabande.

Comme je reconduisais ma danseuse à sa place, les garçons entrèrent avec un déjeuner.

C'était véritablement un déjeuner de première classe.

— Monsieur, quand vous irez à Nice, vous allez à Nice, je crois, logez à l'hôtél d'York. Et si c'est toujours le même, ce qui est possible, car c'était un homme à peu près de mon âge, vous m'en direz des nouvelles.

Je vous avoue que je me mis à table avec une certaine volupté; il y avait juste vingt-huit heures que je n'avais mangé.

Je prenais ma tasse de café lorsque le maître de l'hôtel rentra.

— Monsieur est-il content? me demanda-t-il.

— Enchanté !

— De mon côté, tout est fini, il n'y a

plus à s'en dédire. A cette heure, Monsieur est affiché.

— Je ferai honneur à l'affiche, Monsieur, j'y ferai honneur. Maintenant, pourriez-vous me dire par quelle voie je puis m'en retourner à Marseille? Je voudrais partir demain.

— Il y a justement dans le port un charmant brick qui fait voile demain matin pour Toulon. Le capitaine est justement un de mes amis, un vrai loup de mer.

— Tiens! tiens! je ne connais point Toulon, et je serais bien aise de le connaître.

—Eh bien ! profitez de l'occasion.

— Mais c'est que... je crains la mer... — C'est vrai, Monsieur, je la crains ; je suis comme M. Méry sous ce rapport.

— Bah! dans ce moment-ci, la mer est comme de l'huile.

— Combien de temps peut durer la traversée ?

— Six heures, au plus.

— Bagatelle, Monsieur! Je m'en irai par votre brick.

Le concert eut lieu à l'heure annoncée : c'est tout ce que ma modestie me permet d'en dire. Je touchai exactement les cent écus; et le lendemain, après avoir donné aux garçons un air de basso pour boire, je m'embarquai sur le brick *la Vierge des sept douleurs*, capitaine Garnier.

Monsieur, ce que j'avais prévu arriva : à peine avais-je mis le pied sur le pont, que je m'aperçus que, si je ne descendais pas dans ma cabine, c'en était fini de moi.

Au bout de deux heures, et au moment où je commençais justement à aller un peu mieux, j'entendis un grand remue-ménage sur le pont; puis le tambour retentit : je crus que c'était le signal du déjeuner.

— Mon ami, dis-je à un marin qui

portait une brassée de sabres, qu'annonce ce tambour, s'il vous plaît ?

— Il annonce les Anglais, mon brave homme, me répondit ce marin avec la franchise ordinaire aux gens qui exercent cette profession.

— Les Anglais ! les Anglais ce sont de bons enfants, répondis-je ; ce sont eux qui m'ont fait hier les trois quarts de ma recette ?

— Eh bien ! en ce cas, ils pourront bien vous la reprendre tout entière aujourd'hui. — Et il continua sa route vers l'escalier de l'écoutille.

Derrière ce premier marin, il en

vint un autre qui portait une brassée de piques.

Puis un autre qui portait une brassée de haches.

Je commençai à me douter qu'il se passait quelque chose d'étrange.

Le bruit allait s'augmentant, ce qui ne calmait pas mon inquiétude, quand j'entendis par l'écoutille une voix qui disait :

— Antoine, apporte-moi ma pipe.

— Oui, capitaine, dit une autre voix.

Un instant après, je vis venir un mousse tenant à la main l'objet demandé.

Je l'arrêtai au collet, le jeune âge de cet enfant me permettant cette familiarité.

— Mon petit ami, lui dis-je, que se passe-t-il donc là-haut? est-ce que l'on déjeune?

— Ah! oui, drôlement! dit le mousse; il y en aura quelques-uns qui auront une indigestion de plomb et d'acier de ce déjeuner-là. Mais, pardon, le capitaine attend sa pipe.

— Alors, s'il attend sa pipe, c'est que le danger n'est pas grand.

— Au contraire, c'est que quand il la demande, ça chauffe.

— Mais enfin qu'est-ce qui chauffe ?

— La grande marmite donc, celle où il y a du bouillon pour tout le monde. Montez sur le pont, et vous verrez.

Je compris que ce que j'avais de mieux à faire était de suivre le conseil judicieux que me donnait cet enfant; mais la chose n'était point commode à exécuter, vu le roulis du bâtiment. Enfin je me cramponnai si bien aux parois intérieures, que je parvins jusqu'à l'escalier : là je fus plus à mon aise, je tenais la rampe.

Je sortis la tête de l'écoutille avec toutes les précautions que la situation exigeait. J'aperçus, à quatre pas de moi, le capitaine, qui fumait, tranquillement assis sur une caisse renversée.

— Bonjour, capitaine, lui dis-je avec le sourire le plus aimable que je pus trouver. Il paraît qu'il y a quelque chose de nouveau à bord.

— Ah! c'est vous, Monsieur Louët? — Il savait mon nom, ce brave capitaine!

— C'est moi-même. J'ai été un peu malade, comme vous voyez; mais cela va mieux.

— Monsieur Louët, avez-vous jamais

vu un combat naval? me demanda le capitaine.

— Jamais, Monsieur.

— Avez-vous envie d'en voir un ?

— Mais, Monsieur... j'avoue que j'aimerais mieux autre chose.

— J'en suis fâché ; car si vous aviez eu envie d'en voir un, mais un beau ! vous auriez été servi à la minute.

— Comment, Monsieur ! dis-je en pâlissant malgré moi. On sait que ce phénomène est indépendant de la volonté de l'homme. Comment dis-je, nous allons avoir un combat naval ! Ah ! vous plaisantez, capitaine... Farceur de capitaine!

— Ah! je plaisante!... Montez encore deux échelons, et regardez... Y êtes-vous?

— Oui, capitaine.

— Eh bien! que voyez-vous?

— Je vois trois fort beaux bâtiments.

— Comptez bien!

— J'en vois quatre...

— Cherchez encore!

— Cinq! six!!

— Allons donc!

— Oui, ma foi! il y en a six!...

— Vous connaissez-vous en pavillons?

— Très peu.

— N'importe; regardez celui que porte le plus grand... là, à la corne... où est notre pavillon tricolore, à nous... Qu'y a-t-il sur ce pavillon?

— Je me connais très peu en figures héraldiques; cependant je crois distinguer une harpe.

— Eh bien! c'est la harpe d'Irlande; d'ici à cinq minutes, ils vont nous en jouer un air.

— Mais, capitaine, lui dis-je, capitaine, il me semble qu'ils sont encore loin de nous, et qu'en déployant toute cette toile qui ne fait rien là, le long de vos vergues et de vos mâts, vous pourriez vous sauver. Moi, je sais qu'à votre place je me sauverais. Pardon, c'est mon opinion comme quatrième basse du théâtre de Marseille ; je serais heureux de vous la faire partager. Si j'avais l'honneur d'être marin, peut-être en aurais-je une autre.

— Si, au lieu d'être une basse, c'était un homme qui m'eût dit ce que vous venez de me dire, Monsieur, reprit le capitaine, cela se passerait mal. Apprenez que le capitaine Garnier ne se sauve pas : il se bat jusqu'à ce que son vaisseau soit criblé ; puis il attend l'abordage, et quand son pont est couvert d'Anglais, il descend vers la sainte-barbe avec sa pipe : il l'approche d'un tonneau de poudre, et il envoie les Anglais voir si le Père éternel est là-haut.

— Mais les Français ?

— Les Français aussi.

— Mais les passagers ?

— Les passagers tout de même.

— Allons, capitaine, pas de mauvaise plaisanterie.

— Je ne plaisante jamais, Monsieur Louët, quand le branlebas est battu.

— Capitaine !... capitaine, au nom du droit des gens, descendez-moi à terre ; j'aime mieux m'en aller à pied. Je suis bien venu, je m'en irai bien.

— Voulez-vous que je vous donne un conseil, Monsieur Louët ? dit le capitaine en posant sa pipe près de lui.

— Donnez, Monsieur ; un conseil est toujours le bien venu par un homme raisonnable.

J'étais fort aise de lui offrir d'une manière indirecte cette petite leçon.

— Eh bien ! Monsieur Louët, c'est d'aller vous coucher ; vous en venez, n'est-ce pas ? eh bien ! retournez-y.

— Une dernière demande, capitaine.

— Faites, Monsieur.

— Avons-nous quelque chance de salut? — C'est un homme marié, ayant femme et enfants, qui vous fait cette question. — Je lui disais cela pour l'intéresser: le fait est que je suis garçon.

Le capitaine parut s'adoucir. — Je m'applaudis de ma ruse.

— Écoutez, Monsieur Louët, me dit-il; je comprends tout ce que la position a de désagréable pour un homme qui n'est pas du métier. Oui, il y a une chance.

— Laquelle, capitaine? m'écriai-je;

laquelle? — Et si je puis vous être bon à quelque chose, disposez de moi.

— Voyez-vous ce nuage noir, là, au sud sud-ouest?

— Je le vois comme je vous vois, Monsieur.

— Il ne nous promet encore qu'un grain.

— Qu'un grain de quoi, capitaine?

— Qu'un grain de vent! Priez Dieu qu'il se change en tempête.

— Comment! en tempête, capitaine! Mais on fait naufrage par les tempêtes?

— Eh bien ! c'est encore ce qui nous peut arriver de plus heureux !

Le capitaine reprit sa pipe; mais je vis avec plaisir qu'elle était éteinte.

— Antoine ! cria le capitaine ; Antoine ! Mais où es-tu donc, sardine de malheur ?

— Me voilà, capitaine ! dit le mousse en passant la tête par l'écoutille.

— Va me rallumer ma pipe ! car, ou je me trompe fort, ou le bal va commencer.

En ce moment un petit nuage blanc parut aux flancs du navire le plus rapproché de nous; puis on entendit un bruit sourd, comme lorsqu'on frappe, au théâtre, sur la grosse caisse. Je vis voler en éclats le haut de la muraille du brick, et un artilleur, qui était monté sur l'affût de sa pièce, pour regarder, vint me tomber sur l'épaule.

— Allons donc, mon ami, lui dis-je, ce n'est pas drôle du tout ce que vous faites là. — Et comme il ne voulait pas s'en aller, je le repoussai. Il tomba à terre. Ce fut alors que je le regardai avec plus d'attention : le malheureux n'avait plus de tête.

Cette vue me prit sur les nerfs de telle façon, Monsieur, que cinq minutes après, sans savoir comment, je me trouvais à fond de cale.

Je ne sais combien de temps j'y restai, seulement j'entendis un tapage d'instruments de cuivre comme jamais je n'en avais entendu au théâtre de Marseille; puis, à ce sabbat succéda un accompagnement de basse, à croire que le bon Dieu jouait l'ouverture de la fin du monde. Je n'étais pas à mon aise, Monsieur, je dois le dire.

Enfin au bout d'un temps indéterminé, je sentis que le vaisseau se calmait; je n'en restai pas moins une bonne heure coi et couvert. Enfin, m'apercevant que tout mouvement avait cessé, je repris l'échelle. Je me trouvai dans l'entrepont. L'entrepont était fort calme, à part quelques blessés qui geignaient. Je pris courage et je montai sur le pont. Monsieur, nous étions dans un port.

— Eh bien ! dit le capitaine Garnier en me frappant sur l'épaule, nous voilà arrivés monsieur Louët.

— Mais, en effet, dis-je au capitaine ; il me semble que nous sommes en lieu sûr.

— Grâce à la tempête que j'avais prévue, les Anglais ont eu tant à faire pour eux qu'ils n'ont pas eu le temps de s'occuper de nous. Si bien que nous leur avons passé entre les jambes, littéralement.

—Oh! oh! comme au colosse de Rhodes. Vous savez, Monsieur, que les vaisseaux, disent les historiens, avaient la bassesse de passer entre les jambes de ce colosse, si bien, continuai-je, que voilà probablement les îles Sainte-Marguerite.

—Que dites-vous là?

—Je dis, repris-je en montrant une île que j'apercevais à l'horizon, que voilà probablement l'île Sainte-Marguerite, où fut enfermé le Masque de fer.

— Ça? dit le capitaine.

— Mais oui, ça!

— Ça, c'est l'île d'Elbe.

— Comment, dis-je, l'île d'Elbe? ou

mes connaissances en géographie me trompent, ou je ne pensais pas l'île d'Elbe si proche de Toulon.

— Où prenez-vous Toulon ?

— Cette ville, n'est-ce point Toulon ? le port où nous sommes, n'est-ce point le port de Toulon ? Enfin, capitaine, en partant ne m'avez-vous pas dit que vous partiez pour Toulon ?

— Mon cher monsieur Louët, vous savez le proverbe, l'homme propose et...

— Et Dieu dispose ; oui, Monsieur, je le sais, c'est un proverbe très philosophique.

— Et surtout très véridique. Dieu a disposé.

— De quoi ?

— De nous, donc.

— Et où sommes-nous donc, Monsieur ?

— Nous sommes à Piombino.

— A Piombino, Monsieur! m'écriai-je; qu'est-ce que vous me dites là ? Mais si cela continue, je retournerai à Marseille par les îles Sandwich, où fut tué le capitaine Cook.

— Le fait est que vous n'en prenez pas le chemin.

— Mais voilà que je suis fort loin de ma patrie, moi!

— Et moi donc, qui suis de la Bretagne.

— Mais comment y retourner ?

— En Bretagne ?

— Non, à Marseille.

— Mon cher Monsieur, il y a la voie de mer par mon bâtiment.

— Merci, je sors d'en prendre.

— Et la voie de terre par le vetturino.

— Je préfère la voie de terre, Monsieur, de beaucoup même.

— Et bien ! mon cher monsieur Louët, je vais vous faire remettre sur le port.

— Vous m'obligerez, Monsieur.

Le capitaine Garnier héla une embarcation.

Mon bagage n'était point considérable, comme vous savez : mon fusil et ma carnassière, c'était tout. Je pris donc congé du capitaine en lui souhaitant un bon retour, et je m'apprêtai à descendre l'échelle.

— Monsieur Louët! me fit le capitaine.

— J'allai à lui. — Plaît-il, Monsieur? lui demandai-je.

— Mon cher monsieur Louët, vous savez, me dit le capitaine d'un air tout embarrassé, vous savez qu'entre compatriotes on ne fait pas de façons.

— Oui, Monsieur, je sais cela.

— Eh bien ! vous m'entendez ?

— Oui, Monsieur, je vous entends; mais... je ne vous comprends pas ! Cela veut dire... s'il vous plaît ?

— Cela veut dire... répéta le capitaine.

— Cela veut dire?... repris-je une troisième fois.

— Eh bien ! cela veut dire... mille tonnerres ! que si vous n'avez pas d'argent, ma bourse est à votre disposition, quoi ! Voilà le mot lâché.

— Monsieur !... — Cette manière de

m'offrir ses services me fit venir les larmes aux yeux.

— Merci, capitaine ! lui dis-je en lui tendant la main ; mais je suis riche !

— Dam ! c'est qu'un artiste...

— J'ai cent écus dans ce mouchoir, capitaine.

— Oh ! bien alors, si vous avez cent écus, avec cela on va au bout du monde.

— Je désire ne pas aller si loin, capitaine ; et si je puis, je m'arrêterai à Marseille.

— Eh bien ! alors, bon voyage ! et ne m'oubliez pas dans vos prières.

— Je vivrais cent ans, capitaine, que

pendant cent ans je me souviendrais de vous.

—Adieu, monsieur Louët.

—Adieu, capitaine Garnier.

Je descendis dans l'embarcation. Le capitaine passa de bâbord à tribord, pour me suivre des yeux.

— Au Hussard Français, me cria-t-il; à l'*Ussero Francèse*, c'est la meilleure auberge.

Ce furent les dernières paroles qu'il me dit, Monsieur. Je le vois encore, ce pauvre capitaine, appuyé comme cela sur le bastingage, fumant un cigare, car la pipe n'était que pour les grandes occasions, pauvre capitaine !..

M. Louët essuya une larme.

— Et bien ! que lui est-il donc arrivé ?

— Il lui est arrivé, Monsieur, que trois mois après il fut coupé en deux par un boulet de trente-six.

Nous respectâmes la douleur de Monsieur Louët, et, pour la calmer autant qu'il était en lui, Méry lui versa un troisième verre de punch.

— Messieurs, dit-il en levant le bras à la hauteur de l'œil, je vous proposerai un toast qui, j'oserai le dire, n'a rien de séditieux : A la mémoire du capitaine Garnier.

Nous fîmes raison à M. Louët, et il reprit sa narration.

— J'allai tout droit à l'auberge du Hussard Français, que je n'eus pas grand'peine à trouver, Monsieur, attendu que cette auberge est sur le port. Je demandai un dîner, car j'avais grand'faim ; en effet, vous devez vous apercevoir que je ne mangeais plus que toutes les vingt-quatre heures.

Après le dîner, je fis venir un vetturino. Il était évident qu'on ne devait point savoir au théâtre de Marseille ce que j'étais devenu, et que certainement on était fort inquiet de moi ; de sorte que, vous comprenez, j'étais pressé d'y revenir. De compte fait, Monsieur, il y avait déjà sept jours que j'en étais parti ; pendant ces sept jours je n'avais pas perdu mon temps, c'est vrai, mais j'avais fait autre chose que ce que je comptais faire.

J'appelai successivement trois de ces hommes sans parvenir à m'entendre avec aucun d'eux, attendu qu'ils ne parlaient point mon idiome maternel. Enfin il en vint un quatrième, qui prétendait parler toutes les langues, et qui n'en parlait réellement aucune. Cependant, grâce à son baragouin mêlé de français, d'anglais et d'italien, nous parvînmes à échanger nos pensées. Sa pensée à lui était que je devais lui donner pour ma part trente francs jusqu'à Florence. A Florence, me dit-il, je trouverais mille occasions de revenir à Marseille. J'avais grande envie, Monsieur, de voir Florence, de sorte que je passai par les trente francs. Avant de me quitter, il me prévint que deux de ses voyageurs, dont l'un était un compatriote à moi, avaient exigé qu'il prît par la route de Grossetto à Sienne, désirant passer par la montagne. Je lui répondis que je n'avais rien contre la montagne, mais que si c'était la mer, ce serait autre chose. Il me répondit alors que, pendant tout le temps du voyage, je tournerais le dos à la mer, et cela me suffit.

Nous devions partir le même soir pour

aller coucher à Scarlino. A deux heures, le vetturino s'arrêta devant la porte de l'auberge; ses quatre autres voyageurs étaient déjà à leurs places, et le conducteur venait me chercher, ainsi que mon compatriote, qui logeait dans le même hôtel que moi. Je me tenais prêt sur le seuil de la porte ; car, ainsi que vous le savez, mes préparatifs de départ n'étaient point longs à faire : ma carnassière et mon fusil, toujours le même bagage. On appela M. Ernest. Cela me fit plaisir d'entendre un nom français.

M. Ernest descendit : c'était un bel officier de hussards de vingt-six à vingt-huit ans, qui avait absolument l'air de l'enseigne de notre auberge, plus le grade. Il coula une paire de pistolets dans les poches de la voiture, et prit sa place à côté de moi.

Je ne fus pas longtemps à m'apercevoir que M. Ernest avait quelque chagrin. Je ne le connaissais pas assez pour lui en demander la cause, mais je voulus du moins le distraire par ma conversation.

— Monsieur est Français ? lui demandai-je.

— Oui, Monsieur, me répondit-il.

— Monsieur est militaire, peut-être?

Il haussa les épaules. La demande n'était cependant point indiscrète, puisqu'il était revêtu de son uniforme. Je vis à ce signe qu'il ne se souciait point de parler, et je me tus. Quant aux autres voyageurs, ils parlaient italien. J'ai déjà eu l'honneur de vous dire que je ne comprenais pas cette langue; vous ne vous étonnerez point que je ne me mêlasse pas à la conversation.

Nous arrivâmes ainsi sans mot dire à Scarlino, dans une fort mauvaise auberge, ma foi. Nous y passâmes une nuit détestable, Messieurs, tout dévorés d'insectes, sauf votre respect. Vers les trois heures du matin, comme je commençais à m'endormir, notre conducteur entra dans ma chambre et me fit lever. Il paraît, Monsieur, que dans ce pays étranger c'est l'habitude.

Je pris mon fusil et ma carnassière, et je m'apprêtais à reprendre ma place de la veille ; mais au moment où j'allais monter en voiture le conducteur m'arrêta.

— Scuza, excellence ; ma le fousil il né pas carriqué, n'est-ce pas ?

— Comment! le fousil il n'est pas carriqué! Qu'entendez-vous par ce verbe carriqué?

— Il demande si votre fusil est chargé, me dit Ernest.

— Ah ! Monsieur, votre très humble, lui dis-je. Comment avez-vous dormi ?

— Très bien.

— Vous n'êtes point difficile alors. Moi j'ai été dévoré, littéralement dévoré, Monsieur, livré aux bêtes.

— Andiamo ! andiamo ! dirent les voyageurs.

— Le fousil il né point carriqué ? demanda une seconde fois le conducteur.

— Si, Monsieur, il est carriqué, lui répondis-je, un peu impatienté de son indiscrétion.

— Alors il bésogne le décarriquer.

— Monsieur, dis-je au jeune officier, ayez la bonté de me servir d'interprète et de me dire ce que désire cet homme.

— Il désire que vous déchargiez votre fusil, Monsieur, de peur d'accident, sans doute.

— Ah ! ah ! c'est trop juste, répondis-je.

— Non, non, n'en faites rien, laissez-le comme il est. Si nous étions arrêtés par des voleurs, avec mes pistolets et votre fusil nous pourrions au moins nous défendre.

— Par des voleurs, Monsieur ! demandai-je. Est-ce qu'il y aurait des voleurs sur cette route, par hasard ?

— Eh ! Monsieur ! en Italie il y en a partout.

— Conducteur ! m'écriai-je ; conducteur !

— Voilà ! moi.

— C'est très bien, voilà vous. Mais dites-moi, mon ami, vous ne m'avez pas prévenu qu'il y avait des voleurs sur cette route.

— Avanti ! avanti ! crièrent les voyageurs de la voiture.

— Allons, allons, grimpez, me dit M. Ernest; vous voyez bien que nos compagnons de voyage s'impatientent, nous ne serons pas à Sienne avant minuit.

— Attendez, Monsieur, que je décharge mon arme.

— Besogna décarriquer le fusil, répéta le conducteur.

— Mais non, mais au contraire, dit l'officier ; montez donc.

— Pardon, Monsieur, pardon, lui répondis-je ; mais je suis de l'avis du conducteur. Si nous rencontrions des voleurs, par hasard ! je ne voudrais pas que ces braves gens pussent soupçonner que mon intention est de leur faire le moindre mal.

— Ah! vous avez peur, à ce qu'il paraît?

— Je ne le dissimule pas, Monsieur; moi, je ne suis pas militaire, je suis quatrième basse au théâtre de Marseille; M. Louët, quatrième basse, pour vous servir, repris-je en m'inclinant.

— Ah! vous êtes quatrième basse au théâtre de Marseille! alors vous avez dû connaître une charmante danseuse qui y était il y a trois ou quatre ans.

— J'ai beaucoup connu de charmantes danseuses, car ma place à l'orchestre est une excellente place pour faire connaissance avec elles. Comment se nommait-elle, sans indiscrétion, Monsieur?

— Mademoiselle Zéphirine.

— Oui, Monsieur, je l'ai bien connue; elle a quitté notre ville pour l'Italie. C'était une jeune personne fort légère.

— Heim! fit M. Ernest.

— Ceci s'applique au physique seulement; et, pour une danseuse, c'est une louange, ou... — je pris un air des plus aimables, — ou je ne m'y connais pas.

— A la bonne heure!

— *Dunque che facciamo, non si parte oggi?* — cria-t-on de la voiture.

— Un instant, Messieurs! Je m'éloigne pour décharger mon arme, de peur d'effrayer les chevaux par une double explosion.

— Donnez le fusil, dit le conducteur en me le prenant des mains. Je le mettrai dans le cabriolet.

— Tiens, encore ! dis-je ; je n'y avais point pensé. Voilà mon fusil, mon brave homme. Ayez-en bien soin, car c'est une excellente arme.

— Ah çà ! monterez-vous ? me dit M. Ernest.

— Me voilà, Monsieur, me voilà. Je montai dans la voiture, le conducteur ferma la portière derrière moi, monta dans son cabriolet et partit.

— Vous dites donc, repris-je, enchanté d'avoir trouvé un sujet de conversation qui paraissait plaire au jeune officier, vous dites donc que mademoiselle Zéphirine...

— Vous vous trompez, me répondit M. Ernest, je ne dis rien.

Je m'aperçus que son envie de causer était passée, et je me tus.

J'ai rarement fait un voyage plus ennuyeux, Monsieur, et par de plus horribles chemins. Notre conducteur semblait prendre à tâche de s'éloigner des villes et des villages. On aurait cru que nous voyagions dans un pays sauvage. Nous nous arrêtâmes pour dîner dans une horrible cabane, où l'on nous servit une omelette de poulets qui n'étaient point encore nés, et où notre conducteur s'entretint avec des gens de fort mauvaise mine, ce qui me donna des soupçons. J'avais grande envie de les communiquer à mes compagnons de voyage; mais je crois vous avoir dit que je ne parlais pas la langue italienne. Et, quant à M. Ernest, la façon dont il avait répondu à mes prévenances ne m'engageait point à les renouveler.

Nous repartîmes, Monsieur; mais le chemin, au lieu de s'embellir, devint de plus en plus inqualifiable. Je ne dirais pas trop en vous affirmant que nous traversâmes de véritables déserts. Enfin, nous nous engageâmes dans une espèce de défilé, avec des montagnes d'un côté et un torrent de l'autre. C'était d'autant moins rassurant que la nuit venait à grands pas. Personne ne parlait plus, pas même les Italiens : de temps en temps seulement le conducteur jurait après ses bêtes. Je demandai si nous étions bien loin de Sienne : nous en étions à peu près à moitié chemin.

Je réfléchis que si je pouvais m'endormir, cela me ferait paraître la route incomparablement moins longue. Je m'accommodai donc du mieux que je pus dans mon coin, et je fermai les yeux pour inviter le sommeil. — J'essayai même de ronfler, mais je m'aperçus que cela me réveillait, et je cessai d'employer ce moyen, comme inefficace.

On dit qu'il ne s'agit que de vouloir pour pouvoir. Monsieur, je fus une preuve vivante de cet axiome. Au bout d'une heure d'une volonté ferme, je tombai dans cette espèce de somnolence où l'on a encore la perception des choses, mais où l'on a déjà perdu l'usage de ses facultés. Je ne sais depuis combien de temps j'étais dans cet état normal, lorsqu'il me sembla sentir que la voiture s'arrêtait. Puis il se fit un grand remue-ménage autour de moi. J'essayai de me réveiller, Monsieur; impossible. Je m'étais magnétisé moi-même. Tout-à-coup j'entendis deux coups de pistolet. Cette fois, c'était trop fort, d'autant plus que la flamme m'avait presque brûlé le visage. J'ouvris les yeux. Qu'est-ce que j'aperçois sur ma poitrine, Monsieur ! le canon de mon propre fusil. Je le reconnus, Monsieur; et je me repentis fort de ne pas l'avoir déchargé. Nous étions arrêtés par une bande de voleurs qui criaient à tue-tête : *Faccia in terra ! faccia in terra !* Je devinai que cela voulait dire ventre à terre. Je me précipitai en bas de la voiture, mais pas encore assez vite sans doute, car l'un d'eux m'appliqua un coup de crosse derrière la nuque, Monsieur, le coup du lapin. Heureusement il ne m'atteignit point le cervelet. Je n'en tombai pas moins le nez contre terre. Là je vis tous mes compagnons de voyage qui étaient couchés comme moi, à l'exception de M. Ernest, qui se débattait comme un diable ; mais, à la fin, force lui fut de se rendre.

On me fouilla partout, Monsieur, jusque dans mon gilet de flanelle ; pardon du détail, mais j'en porte. On me prit mes cent écus. J'espérais sauver mon solitaire, et je l'avais tourné en dedans ; malheureusement il n'avait pas la vertu de l'anneau de Gygès, qui quand on en tournait le chaton en dedans, rendait invisible. On vit mon pauvre solitaire. et on me le prit.

Cela dura une heure a peu près, à nous fouiller et refouiller de la manière la plus inconvenante; puis au bout d'une heure.

— Maintenant, dit celui qui paraissait le chef de la troupe, y a-t-il parmi ces Messieurs un musicien ?

La demande me parut étrange, et je crus que le moment n'était pas opportun pour décliner ma qualité.

— Eh bien ! répéta le même, ne m'a-t-on pas entendu ? Je demande si parmi ces Messieurs il n'y en a pas un qui joue de quelque instrument ?

— Eh pardieu ! dit une voix que je reconnus pour celle du jeune officier, il y a Monsieur qui joue de la basse, M. Louët.

J'aurais voulu être à cent pieds sous terre : je restai comme si j'étais mort.

— Lequel, demanda la même voix, est M. Louët ? est-ce celui-ci ?

On s'approcha de moi, et je sentis qu'on me prenait par le collet de ma veste de chasse ; en un instant on me redressa, et je fus sur pied.

— Que voulez-vous de moi Messieurs ?

demandai-je : au nom du ciel, que voulez-vous de moi ?

— Eh ! mon Dieu ! me dit le même bandit, rien que de très flatteur. Il y a huit jours que nous cherchons de tous côtés un artiste, sans en pouvoir trouver, ce qui mettait le capitaine d'une humeur atroce ; maintenant il va être enchanté.

— Comment ! m'écriai-je, c'est pour me conduire au capitaine que vous me demandez si je joue de quelque instrument ?

— Sans doute.

— Vous allez me séparer de mes compagnons ?

— Qu'est-ce que vous voulez que nous en fassions ? ils ne sont pas musiciens, eux.

— Messieurs ! m'écriai-je, à mon secours ! à mon aide ! vous ne me laisserez pas enlever ainsi.

— Ces Messieurs vont avoir la bonté de rester le nez en terre, comme ils sont, sans bouger pendant un quart d'heure; dans un quart d'heure, ils pourront se remettre en route. Quant au jeune officier, ajouta le bandit en s'adressant aux quatre hommes qui le tenaient, liez-le à un arbre; dans un quart d'heure, le conducteur le déliera. — Entends-tu, conducteur ? si tu le délies avant un quart d'heure, tu auras affaire à moi, au Picard !

Le conducteur poussa une espèce de gémissement sourd, qui pouvait passer pour un acquiescement à l'injonction qu'il venait de recevoir. Quant à moi, j'étais sans force aucune ; un enfant m'aurait mené noyer ; à plus forte raison, deux gaillards comme ceux qui me tenaient au collet.

— Allons, en route ! dit le bandit ; et les plus grands égards pour le musicien. S'il résiste, ne le poussez que par où vous savez.

Je fus curieux de savoir par où l'on devait me pousser en cas de résistance :

je résistai donc. — Monsieur, je reçus un coup de pied qui me fit voir trente-six chandelles. J'étais fixé.

Les bandits se dirigèrent vers la montagne, dont on distinguait les crêtes noires qui se découpaient sur le ciel. Au bout de cinq cents pas à peu près, nous franchîmes un torrent; puis nous entrâmes dans une forêt de pins que nous traversâmes; enfin, arrivés de l'autre côté, nous aperçûmes une lumière.

Nous nous dirigeâmes vers cette lumière; elle venait d'une petite auberge placée sur une route de traverse. A cinquante pas de la maison, nous nous arrêtâmes. Un seul bandit se détacha et alla reconnaître la place. Un signal qu'il donna en frappant trois coups dans ses mains indiqua sans doute au Picard que nous pouvions venir, car les bandits se remirent en marche en chantant, ce qu'ils n'avaient pas fait depuis que nous avions quitté la grande route.

— Monsieur, je crus en mettant le pied sur le seuil de cette auberge, que nous étions dans la nuit du samedi au dimanche, et que Satan y faisait son sabbat..

—*Ove sta il capitano?* demanda le Picard en entrant.

— *Al primo piano*, répondit l'aubergiste.

Tiens, me dis-je, il parait qu'il y a déjà un premier piano. Mais cet homme a donc la rage de la musique?

Tous les bandits montèrent l'escalier, à l'exception de deux, qui me firent asseoir dans le coin de la cheminée, et me gardèrent à vue. L'un des deux s'était adjugé mon fusil, et l'autre ma carnassière. Quant à mon solitaire et à mes cent écus, ils étaient devenus parfaitement invisibles.

Quelques instants après, on cria du haut de l'escalier à mes gardiens quelque chose que je ne compris pas; seulement, comme ils me remirent la main au collet et me poussèrent vers les degrés, je devinai que j'étais demandé au premier étage.

Je ne me trompais pas, Monsieur. En entrant, je vis le capitaine, assis devant une table parfaitement servie, ayant une foule de bouteilles de différentes formes devant lui, et sur ses genoux, Monsieur, une fort jolie fille, ma foi.

Le capitaine était un homme de trente-cinq à quarante ans, ce qu'on peut appeler vraiment un bel homme. Il était vêtu absolument comme un voleur d'opéra comique, tout en velours bleu, avec une ceinture rouge et des boucles d'argent; de sorte que, Monsieur, je me crus à la répétition ; si bien que, si cet homme avait compté m'intimider, il manqua complètement son effet.

Quant à la jeune personne qu'il avait sur ses genoux, elle était vêtue à la façon des paysannes romaines, Monsieur : j'en ai vu depuis de pareilles dans les tableaux d'un certain Robert, c'est-à-dire avec un justau-corps brodé d'or, un jupon court tout bariolé et des bas rouges ; quant aux pieds, ce n'était pas la peine d'en parler, elle n'en avait presque pas. — J'avais si bien l'esprit à moi, Monsieur, que je m'aperçus que cette ladronesse avait au doigt mon solitaire ; ce qui, à part la société où elle avait le malheur de se trouver, me donna, comme vous le pensez bien, une médiocre idée de la moralité de cette jeune fille.

A la porte, les deux bandits me lâchèrent; mais ils restèrent sur la dernière marche de l'escalier. Je fis quelques pas en avant, et ayant salué d'abord la dame, ensuite le capitaine, ensuite tout le reste de la société, j'attendis.

— Voici le musicien demandé, dit le Picard.

Je m'inclinai une seconde fois.

— De quel pays es-tu! demanda le chef avec un fort accent italien.

— Je suis Français, excellence.

— Ah ! j'en suis bien aise, dit la jeune fille.

Je vis avec plaisir que, plus ou moins, tout le monde parlait français.

— Tu es musicien ?

— Je suis quatrième basse du théâtre de Marseille.

— Tiens !... dit la jeune fille.

— Picard ! faites apporter l'instrument de Monsieur. Puis se retournant vers sa maîtresse : J'espère, ma petite Rina, lui dit-il, que maintenant tu ne feras plus de difficulté pour danser.

— Je n'en ai jamais fait, répondit

Rina ; mais vous comprenez bien que je ne pouvais pas danser sans musique.

— Ce que dit mademoiselle est de la plus grande justesse, excellence ; mademoiselle ne pouvait pas danser sans musique.

— *Non, c'è instrumento, non ho travoto l'instrumento*, dit un des bandits en reparaissant sur la porte.

— Comment ! il n'y a pas d'instrument ? cria le capitaine d'une voix de tonnerre.

— Capitaine, dit Picard, je vous jure que je n'ai pas vu le moindre violoncelle.

— Bestia! cria le capitaine.

— Capitaine, dis-je alors, il ne faut pas gronder ce brave homme; ces Messieurs ont cherché partout, jusque dans mon gilet de flanelle, et si j'avais eu ma basse, ils l'eussent certainement trouvée; mais je n'avais pas ma basse.

— Comment n'avais-tu pas ta basse?

— Je prie votre excellence d'être convaincue que si j'avais pu deviner sa prédilection pour cet sintrument, j'en aurais plutôt pris deux qu'une.

— C'est bien, dit le capitaine : cinq hommes partiront à l'instant même pour Sienne, pour Voltera, pour Grose'to, pour où ils voudront; mais demain soir il me faut une basse, et quand la basse sera venue, tu danseras, n'est-ce pas, ma petite Rina ?

— Si je suis bien disposée et si vous êtes bien aimable.

— Méchante ! dit le capitaine en lui appliquant un baiser, tu sais bien que tu fais de moi tout ce que tu veux.

— Eh bien ! devant le monde, dit Rina, c'est joli !

Ce mouvement, inspiré par un reste de pudeur, me donna une meilleure idée de cette jeune fille. D'ailleurs, Monsieur, chose étrange ! plus je la regardais, moins sa figure me paraissait inconnue. Cependant j'avais beau colliger mes souvenirs, je ne me rappelais pas avoir jamais vu si mauvaise société.

— Mais, mon ami, dit alors la jeune fille, tu n'as pas même demandé à ce brave homme s'il a faim.

Je fus touché de cette attention.

—Au fait, dit le capitaine, as-tu faim?

— Ma foi, capitaine; répondis-je, puisque vous avez la bonté de me faire cette question, je vous avouerai franchement que je n'ai fait qu'un fort mauvais dîner à Scartino; de sorte que je mangerais bien un morceau sous le pouce.

— Mets-toi à table, alors.

— Capitaine !

— Allons mettez-vous donc à table, dit Rina avec une petite mine charmante. — Irez-vous faire des façons avec Tonino, une ami, et avec moi, une compatriote?

— Ah ! Monsieur le capitaine s'appelle Tonino. — Un joli nom, bien musical.

— Il s'appelle Antonio, dit la jeune fille en riant; mais moi je l'appelle Tonino : un petit nom d'amitié. — Elle le regarda dans le blanc des yeux avec un regard qui aurait fait damner son patron. — Et je l'appelle ainsi parce que je l'aime, voilà !

— Incantatrice!... murmura le capitaine:

— Pendant ce temps, Monsieur, on m'avait mis un couvert et approché une chaise, avec tous les égards possibles. Je vis qu'au bout du compte ma position chez M. Tonino serait plus supportable que je ne l'avais cru d'abord, et que je serais traité avec la distinction due à un artiste.

Mon couvert avait été mis à la même table où avait soupé le capitaine, de sorte que mademoiselle Rina elle-même avait la bonté de me passer les plats et de me verser à boire, ce qui me permit de parfaitement reconnaître que c'était mon solitaire qui brillait à son doigt. De temps en temps je levais les yeux sur son visage ; car, plus je le regardais, plus j'étais convaincu, Monsieur, que ce visage ne m'était point étranger. Quant au bandit, il jouait avec ses cheveux, ce qui, de temps en temps, lui attirait une bonne tape sur la main ; puis il lui disait : N'est-ce pas que tu danseras, ma petite Rina ? — Et elle répondait : Peut-être !

Lorsque j'eus soupé, mademoiselle Rina fit très judicieusement observer que j'aurais peut-être besoin de prendre quelque repos. Je tombais de sommeil, Monsieur, et quoiqu'il ne soit pas poli de bâiller, je ne dis pas cela pour vous, monsieur Jadin, je bâillais à me démonter la mâchoire. Aussi je ne me le fis pas dire à deux fois; je demandai ma chambre, et j'allai me coucher.

Je dormis quinze heures de suite, Monsieur. On attendait mon réveil avec impatience, car on avait eu la politesse de ne point me réveiller. Cela me parut un procédé fort délicat de la part d'un capitaine de bandits. Mais à peine eus-je éternué, j'ai l'habitude d'éternuer en me réveillant, Monsieur, que l'on entra dans ma chambre avec cinq basses. Chaque envoyé en avait rapporté une; si bien que je dis : Il y aura dans les environs une hausse de basses!

Ce mot fit sourire le capitaine.

Je choisis la meilleure, et l'on fit du feu avec les quatre autres.

Lorsque j'eus fait mon choix, on me dit de prendre mon instrument et de m'en aller chez le capitaine, qui m'attendait à dîner ; vous comprenez que je ne me fis pas attendre. Il y avait grand couvert, c'est-à-dire une table pour le capitaine, pour mademoiselle Rina, le Picard et moi, puis sept ou huit tables plus petites pour le reste des bandits. Au fond de la chambre, il y avait bien trois cents bougies allumées, si bien que cela faisait une illumination charmante ; je devinai que nous aurions bal.

Le dîner fut très gai, Monsieur ; les bandits étaient véritablement de braves gens ; le capitaine surtout était d'une humeur charmante ; cela tenait sans doute à ce que mademoiselle Rina lui faisait toutes sortes de gentillesses.

Lorsque le dîner fut fini.

— Tu sais ce que tu m'as promis, ma petite Rina, dit le capitaine.

— Eh bien ! mais est-ce que je refuse ? répondit cette jeune fille avec un sourire... elle avait vraiment un charmant sourire.

— Eh bien, alors, va te préparer, mais ne sois pas longtemps.

— Mettez votre montre sur la table.

— La voilà.

— Je demande un quart d'heure, est-ce trop.

— Oh! non, répondis-je, certainement non.

— Va pour un quart d'heure, dit le capitaine.

Mademoiselle Rina sortit, légère comme une biche, par la porte du fond, celle qui était placée au milieu des trois cents bougies.

— Et toi, Monsieur le musico, dit le

capitaine, j'espère bien que tu vas te distinguer.

— Je ferai de mon mieux, capitaine.

— A la bonne heure, et si je suis content de toi, je te ferai rendre tes cent écus.

— Et mon solitaire, capitaine?

— Oh! quant à ton solitaire, il faut en faire ton deuil. D'ailleurs, tu l'as vu, c'est Rina qui l'a, et tu es trop galant pour le lui reprendre.

Je fis une grimace de consentement qui parut lui suffire.

— Ah çà, vous autres, dit le capitaine

en s'adressant à ses bandits, je vais vous donner un plaisir de cardinaux. J'espère que vous serez contents.

— *Viva il capitano!* — répondirent tous les bandits.

En ce moment, mademoiselle Rina parut sur la porte, et d'un seul bond elle fut au milieu de la chambre.

Monsieur, elle était en bayadère avec un corset d'argent, un grand châle de cachemire qui lui servait de ceinture, un petit jupon de gaze qui lui venait au-dessus du genou, et un maillot de soie qui lui montait jusqu'au-dessous de la taille. Elle était vraiment charmante dans ce costume.

Je saisis ma basse à pleine main. Je me croyais au théâtre de Marseille.

— Sur quel air voulez-vous danser, Mademoiselle? lui demandai-je.

— Connaissez-vous le pas du châle du ballet de Clary ?

— Certainement! c'est mon pas favori.

— Eh bien! allez! je vous attends.

Je commençai la ritournelle : les bandits firent cercle.

Aux premières mesures, elle s'enleva comme un sylphe, faisant des entrechats, des jetés, des pirouettes, que c'était merveille. Les bandits criaient bravo comme des enragés. — Et moi, je me disais : C'est étonnant ! voilà une paire de jambes que je connais... elles m'avaient encore plus frappé que la figure, Monsieur ! Une fois que j'ai vu une physionomie, moi, c'est pour toujours.

Elle ne se fatiguait pas, Monsieur. Il est vrai que les applaudissements devaient lui donner des forces. Elle montait, elle redescendait, elle bondissait, elle pirouettait, et tout cela avec les gestes les plus charmants, ma parole d'honneur ! Le capitaine était comme un fou. Moi, j'étais comme un enragé ; il me semblait que ces jambes me faisaient une foule de signes, et qu'elles me reconnaissaient aussi. Je suis sûr que si elles avaient pu parler, elles m'auraient dit : — Bonjour, monsieur Louët...

Au milieu du pas de châle, l'aubergiste entra tout effaré, et dit quelques mots à l'oreille du capitaine.

— *Ove sono?* demanda tranquillement le capitaine.

— A San Dalmazio, répondit l'aubergiste.

— Achève ton pas, nous avons le temps.

— Qu'y a-t-il ? demanda mademoiselle

Rina en cambrant les reins et en arrondissant les bras.

— Rien, rien, répondit celui-ci ; il paraît que ces canailles de voyageurs que nous avons arrêtés ont donné l'alarme à Sienne et à Florence, et que nous avons les hussards de la grande-duchesse Élisa à nos trousses.

— Cela tombe bien, dit Rina en riant, j'ai fini mon pas.

— Encore une pirouette, ma petite Pina, dit le capitaine.

— Je n'ai rien à vous refuser. Monsieur, les huit dernières mesures, s'il vous plaît. Eh bien !...

— Je cherche mon archet, Mademoiselle. Imaginez-vous qu'à cette nouvelle l'archet m'était tombé des mains. Quant à mademoiselle Rina, il semblait au contraire que cette nouvelle lui avait donné des jambes. Ce fut alors que je crus les reconnaître. Mais où les avais-je vues ? où les avais-je vues?...

Je crois que jamais mademoiselle Rina n'avait eu un pareil triomphe.

Elle bondit jusque sur le seuil de la petite porte où elle s'était habillée, et, se retournant comme si elle rentrait dans la coulisse, elle fit une révérence, en envoyant un baiser au capitaine.

— Maintenant, aux armes! dit celui-ci. Préparez un cheval pour Rina et un cheval pour le musicien. Nous irons à pied, nous; et route de Romagne! vous entendez? Ceux qui s'égareraient rejoindront à Chianciamo, entre Chiusia et Pianza.

— Comment, Monsieur! demandai-je au capitaine, vous m'emmenez avec vous?

— Eh! sans doute. Comment veux-tu que Rina danse si elle n'a plus de musique? et comment veux-tu que je me passe de la voir danser?

— Mais, capitaine, vous allez m'exposer à mille dangers.

— Pas plus que nous, pas moins que nous.

— Mais c'est votre état, à vous, capitaine, et ce n'est pas le mien.

— Combien avais-tu à ta baraque de théâtre?

Monsieur, voilà comme il parlait du théâtre de Marseille !

— J'avais huit cents francs, capitaine.

— Eh bien ! je te donne mille écus, moi. Va donc me chercher un entrepreneur de théâtre qui t'en donne autant.

Il n'y avait rien à répondre. Je fis contre fortune bon cœur.

— Tout est prêt, dit le Picard en rentrant.

— Me voilà, dit mademoiselle Rina en accourant avec son costume romain.

— Alors, en route, dit le capitaine.

— *Usseri! usseri!* cria l'aubergiste.

Chacun se précipita vers l'escalier.

— Mille tonnerres! dit le capitaine en se retournant, tu oublies ta basse, je crois.

— Je pris la basse, Monsieur; j'aurais voulu me cacher dedans.

En arrivant à la porte, nous trouvâmes nos montures toutes sellées.

— Eh bien ! monsieur le musicien, dit Rina, vous ne m'aidez pas à monter à cheval ? vous êtes galant!

Je tendis machinalement le bras pour la soutenir, et je sentis qu'elle me mettait un petit papier dans la main.

Une sueur froide me passa sur le front. Que pouvait-elle me dire dans ce papier? Était-ce une déclaration d'amour? mon physique avait-il séduit cette ballerine, et étais-je le rival du capitaine? J'eus envie de jeter loin de moi ce papier; mais la curiosité l'emporta, et je le mis dans ma poche.

— *Usseri! usseri!!!* cria de nouveau l'aubergiste.

— En effet, on entendait sur la grande route un bruit sourd, comme celui d'une troupe qui s'avance au galop.

— A cheval donc, cabotin! me dit le Picard en me prenant par le fond de la culotte et en m'aidant à me mettre en selle. — Bien. — Maintenant attachez-lui sa basse sur le dos. — Là!

Je sentis qu'on me ficelait à mon instrument. Deux bandits prirent la bride du cheval de mademoiselle Rina; deux autres bandits prirent la bride du mien. Le capitaine, la carabine sur l'épaule, se mit à courir près de sa maîtresse; le Picard courait près de moi. Toute la troupe, qui se composait au moins de quinze ou dix-huit hommes, nous suivait par derrière.

Cinq ou six coups de fusil partirent à trois cents pas derrière nous, et nous entendîmes siffler les balles.

— A gauche, dit le capitaine, à gauche !

Cet ordre était à peine donné, que nous quittâmes le chemin et que nous nous jetâmes dans une espèce de vallée au fond de laquelle coulait un torrent. C'était la première fois que je montais à cheval. Je me tenais d'une main au cou et de l'autre à la queue. C'est bien heureux, Monsieur, qu'un cheval ait tant de crins.

Lorsque nous fûmes arrivés, le capitaine commanda de faire halte ; puis nous écoutâmes.

Nous entendîmes les hussards qui passaient ventre à terre sur la grande route.

— Bon ! dit le Picard, s'ils vont toujours ce train-là, ils seront de bonne heure à Grossetto.

— Laisse-les aller, dit le capitaine, et suivons le lit du torrent ; notre bruit se perdra dans celui de l'eau.

Nous marchâmes ainsi pendant une heure et demie à peu près ; puis nous nous trouvâmes à la jonction d'un autre petit torrent qui venait dans le nôtre.

— N'est-ce point l'Orcia? demanda à demi-voix le capitaine.

— Non, non, répondit le Picard ; ce n'est que l'Orbia ; l'Orcia est au moins quatre milles plus bas.

Nous nous remîmes en route, et une heure après nous trouvâmes effectivement un second torrent qui venait se jeter dans le nôtre ; car c'était dans un fleuve que nous marchions ainsi. Vous voyez bien, monsieur Méry, qu'il n'y a pas que le Var qui pleure pour avoir de l'eau.

— Ah! cette fois, dit le capitaine, je

me reconnais. A gauche! à gauche!

La manœuvre commandée s'exécuta à l'instant même.

A quatre heures du matin nous traversâmes une grande route.

— Allons, allons, courage! dit le Picard, qui m'entendait pousser des gémissements, nous voilà sur la grande route de Sienne ; dans une heure et demie nous serons à Chianciamo.

Comme vous le pensez bien, nous ne fîmes que traverser cette grande route; nous cherchions peu les endroits fréquentés. A quelques milles pas de là, nous nous engageâmes dans la montagne, et, comme l'avait dit le Picard, au bout d'une heure et demie, c'est-à-dire au point du jour, nous entrions à Chianciamo. L'aubergiste nous reçut comme s'il nous attendait. Il paraît que nous étions de ses pratiques.

Monsieur, nous avions marché douze heures; et, autant que je pus supputer les distances, je calculai que nous avions bien fait vingt lieues.

On nous descendit de cheval, ma basse et moi. — Monsieur, j'étais aussi raide qu'elle.

— Les bandits demandèrent à déjeuner; moi, je demandai un lit.

On me conduisit dans un petit cabinet qui n'avait qu'une fenêtre grillée, et dont la porte donnait dans la chambre où les bandits allaient prendre leur repas : il n'y avait pas moyen de penser même à se sauver ; d'ailleurs, quand je l'aurais voulu, Monsieur, impossible ; j'étais moulu comme poivre.

En ôtant ma culotte, — on portait encore des culottes à cette époque ; d'ailleurs, moi, j'en ai porté jusqu'à 1830, — en ôtant ma culotte, dis-je, je pensai au papier que m'avait remis mademoiselle Rina et que j'avais oublié pendant tout notre voyage nocturne. Quand j'y aurais pensé, Monsieur, vous sentez bien que dans l'obscurité il m'était impossible de le lire.

C'était un petit billet écrit au crayon et conçu en ces termes :

« Mon cher monsieur Louët. »

Quel que fût mon désir de connaître la suite, je m'arrêtai. — Tiens! tiens! me dis-je, il paraît que mademoiselle Rina me connaît. — Cette réflexion faite, je continuai.

« Vous comprenez que la société où je me trouve ne me plaît pas plus qu'à vous; mais pour la quitter sans accident il nous faut de la prudence, plus encore que de la résolution. J'espère que, le moment venu, vous ne manquerez ni de l'une ni de l'autre ; d'ailleurs, je vous donnerai l'exemple. En attendant, faites semblant de ne me point connaître.

« J'aurais voulu vous rendre votre solitaire, que je vous ai vu regarder plusieurs fois avec inquiétude ; mais comme j'en ai besoin pour notre délivrance commune, je le garde.

« Adieu, mon cher monsieur Louët. Nous nous retrouverons un jour tous deux, je l'espère, vous à l'orchestre, et moi sur le théâtre de Marseille.

« ZÉPHIRINE.

« *P. S.* Avalez mon billet. »

Tout m'était expliqué par la signature, Monsieur. C'était la petite Zéphirine qui avait eu un tel succès, que pendant trois ans de suite elle avait été réengagée au théâtre de Marseille. Vous ne pouvez pas vous la rappeler, Monsieur Méry, vous étiez trop jeune. Voyez donc comme on se retrouve !

Je relus cette lettre une seconde fois, c'est alors que le post-scriptum me frappa : — Avalez mon billet. — C'était prudent ; mais ce n'était pas agréable. Néanmoins je pris sur moi de faire ce que me recommandait mademoiselle Zéphirine, et je m'endormis plus tranquille de savoir que j'avais une amie dans la troupe.

J'étais au plus fort de mon sommeil, lorsque je sentis qu'on me secouait par le bras. J'ouvris les yeux en éternuant. Je crois vous avoir avoué que c'était ma manière de me réveiller. C'était le lieutenant qui se permettait cette familiarité avec moi.

— Alerte! alerte! me dit-il; les hussards sont à Montepulciano; dans un quart d'heure nous partons.

Je ne fis qu'un bond de mon lit à mes vêtements; ces maudites balles me sifflaient encore aux oreilles.

La première personne que j'aperçus en sortant de mon cabinet fut mademoiselle Zéphirine ; elle paraissait gaie comme pinson. J'admirai la force d'âme de cette jeune fille, et je résolus de l'imiter. En attendant, pour la rassurer, je lui fis signe avec le doigt que j'avais avalé le billet. Sans doute, elle pensa que, si je n'avais pris que cela, ce n'était pas assez pour me soutenir, car se tournant en riant vers le capitaine : — Tonino, lui dit-elle, notre orchestre vous fait signe qu'il a le ventre creux comme sa basse ; est-ce qu'il n'aurait pas le temps de manger un morceau ?

— Bah ! bah ! dit le capitaine, il mangera à Sorano.

— Est-ce que nous sommes prêts ? demanda Zéphirine.

— Attends, je vais voir, dit le capitaine ; et il sortit sur le carré. — *Siamo pronti?* cria-t-il.

Zéphirine courut aussitôt à la fenêtre, tira mon solitaire de son doigt, et écrivit rapidement quelque chose sur une vitre. — Le capitaine, en rentrant, la retrouva à la même place où il l'avait quittée.

— Allons, allons, dit-il, nous nous reposerons à Sorano. Il faut, murmura-t-il entre ses dents, que nous soyons trahis, ou que ces hussards soient sorciers. — Puis, me faisant signe de passer devant, il donna le bras à Zéphirine et descendit avec elle.

Nos chevaux nous attendaient comme la veille. Les mêmes dispositions furent prises, et nous nous remîmes en route de la même façon. Seulement, comme nous étions partis de jour, nous arrivâmes moins avant dans la nuit.

Il n'en est pas moins vrai que nous ne trouvâmes presque rien à manger dans la misérable auberge où le capitaine nous avait conduits, et que, sans l'attention que mademoiselle Zéphirine eut de me donner la moitié de son souper, je me serais couché à jeun.

Je n'étais pas couché depuis dix minutes, que j'entendis un sabbat infernal. Je sautai à bas de mon lit, je pris mes vêtements à mes mains, et j'ouvris la porte, en demandant : Qu'y a-t-il? — La chambre était pleine de bandits armés.

— Il y a que nous sommes cernés par ces damnés hussards, cria le lieutenant, et qu'il faut qu'il y ait quelque traître parmi nous. Mille tonnerres! si je croyais que c'est toi...

— *Di quà! di quà!* dit l'aubergiste en ouvrant une porte qui donnait sur un escalier dérobé.

Le capitaine s'élança le premier, entraînant mademoiselle Zéphirine par la main. Le Picard me poussa derrière eux; le reste de la bande nous suivit.

Au bas de l'escalier, l'aubergiste entra

dans un petit bûcher, leva une trappe qui était dans un coin. Le capitaine comprit, sans qu'il y eût une parole d'échangée ; il descendit le premier par l'échelle de la trappe, soutenant mademoiselle Zéphirine. Nous le suivîmes tous. L'aubergiste referma la trappe sur nous, et je l'entendis qui la recouvrait de fagots. De son côté, le Picard retira l'échelle ; de sorte qu'il fallait sauter un à un, et d'une hauteur de quinze pieds à peu près, pour descendre dans le souterrain où nous nous trouvions.

Je n'ai pas besoin de vous dire, Monsieur, que je profitai du premier moment de répit que j'eus pour passer mes vêtements.

Au bout d'un instant, nous entendîmes frapper à la porte comme si on allait la mettre dedans.

— *I schioppi sono caricati ?* demanda le capitaine.

Comme c'était la même question que m'avait faite le conducteur, je compris parfaitement ; d'ailleurs, au même instant j'entendis dans les canons le bruit des baguettes de ceux qui n'étaient point en état.

— Messieurs! m'écriai-je alors, Messieurs! j'espère bien...

— Silence! si tu tiens à vivre, dit le Picard.

— Comment! si j'y tiens! Certainement que...

— Silence ! ou je te bâillonne.

Je me tus ; seulement je cherchai un coin où je pusse être à l'abri des balles. Il n'y avait pas le moindre angle rentrant dans cette maudite cave, Monsieur ; un véritable cachot pénitentiaire.

Nous entendîmes qu'on ouvrait la porte ; en même temps au retentissement des talons de bottes et des crosses de fusil, nous comprîmes qu'une troupe de soldats venait d'entrer dans l'auberge. Comme on le voit, nous avions été suivis de près.

Nous étions vingt dans cette cave, Monsieur, et cependant il s'y faisait un silence que l'on aurait entendu une mouche voler.

Mais il n'en était pas ainsi au-dessus de nous. On aurait dit qu'on mettait la maison au pillage. C'étaient des cris et des jurons à faire évanouir la Madone. Deux ou trois fois nous entendîmes les soldats entrer jusque dans le petit bûcher où était cachée l'entrée de notre trappe, et alors notre silence était interrompu par le bruit des carabines que l'on armait. Monsieur, ce petit bruit, c'était peu de chose ; eh bien ! il m'allait au cœur.

Enfin, au bout de trois ou quatre heures, tout ce vacarme cessa enfin peu à peu. Un silence absolu lui succéda, puis nous entendîmes qu'on enlevait les fagots et qu'on ouvrait la trappe. C'était notre hôte qui venait nous dire que, lassés de nous chercher inutilement, les Français étaient partis, et que nous pouvions sortir.

Pendant que les bandits s'étaient rapprochés de l'entrée pour dialoguer avec l'aubergiste, mademoiselle Zéphirine, qui était restée seule avec votre serviteur au fond de la cave, s'approcha vivement de moi en me prenant la main.

— Nous sommes sauvés, me dit-elle.
— Comment cela, s'il vous plaît? lui demandai-je.
— Ernest est sur nos traces.

— Qu'est-ce qu'Ernest?

— Un jeune officier de hussards, mon amant.

— Mais je le connais, M. Ernest.

— Bah! un beau garçon, vingt-cinq ou vingt-six ans, de votre taille à peu près, mais bien mieux pris.

— C'est cela même. J'ai voyagé avec lui de Piombino à..... Mais attendez donc, oui, oui, oui, il m'a parlé de vous.

— Il vous a parlé de moi! ce cher Ernest!

— Mais il est donc sorcier, pour suivre ainsi notre piste?

— Non, mon cher Monsieur, il n'est pas sorcier; mais dans toutes les auberges où nous passons, j'écris sur une vitre mon nom et celui du village où nous allons...

— Ah! je comprends : voilà pourquoi vous aviez besoin de mon solitaire. Mille pardons, Mademoiselle, des soupçons exagérés que j'avais conçus. Au reste, il doit bien marquer, car c'est un vrai diamant.

— Chut! on parle de choses importantes.

— Elle écouta un instant; mais comme les bandits parlaient italien, je ne compris rien.

— Bon! bon! dit mademoiselle Zéphirine, Caprarola, Caprarola; retenez bien ce nom-là, si je l'oubliais; c'est à Caprarola que nous allons.

—Comment! m'écriai-je effrayé, nous allons encore...

— Heim! dit le Picard en se retournant.

— Rien, mon lieutenant, rien : j'étais inquiet de ma basse, voilà tout.

Zéphirine s'éloigna vivement de moi et se glissa parmi les bandits ; de sorte que lorsque le capitaine la chercha des yeux, il la trouva à ses côtés.

— Eh bien! ma petite Rina, ils sont partis ces démons de Français !

—Ah! je respire, dit Rina. Sait-on de quel côté ils sont allés?

— Notre hôte croit avoir compris

que la compagnie, qui est des hussards de la grande duchesse, n'a pas le droit de venir plus loin ; mais un jeune officier qui était avec elle a une commission pour nous poursuivre et pour requérir des troupes partout où il en trouvera.

— Eh bien ! qu'allons-nous faire ?

— Nous allons nous remettre en route.

— En plein jour !

— Oh ! sois tranquille, nous avons des chemins à nous.

— C'est que je suis vraiment bien fatiguée.

— Courage, ma petite Rina ! la course n'est pas longue ; trente cinq milles tout au plus.

— Arriverons-nous bientôt, au moins?

— Demain, dans la nuit, nous serons en sûreté.

— Alors, partons!

— En route! dit le capitaine.

— Et ma basse? demandai-je au Picard.

— Sois tranquille, elle a été respectée, me répondit-il.

— Elle a été respectée! Vous comprenez, ma basse, c'était ma sauvegarde.

Nous nous remîmes donc en route. L'aubergiste lui-même voulut nous servir de guide, et il ne nous quitta que lorsque nous fûmes dans ce que le capitaine appelait un chemin à lui. C'était bien le chemin du diable, Monsieur !

Vers midi nous entrâmes dans une grande forêt : c'était bien là une forêt de bandits, par exemple ; aussi je suis bien sûr que si nous n'avions pas été en si bonne société, nous aurions fait quelque mauvaise rencontre. A quatre heures nous arrivions à Caprarola.

Là, au moins, Monsieur, nous eûmes une journée et une nuit tranquilles, car, grâce à M. Ernest, nous ne mangions et nous ne dormions plus. Mais, pour le moment, il paraît, ou qu'il avait perdu notre trace, ou qu'il n'avait point de forces suffisantes pour nous poursuivre. L'auberge était assez mal approvisionnée ; mais l'on courut jusqu'à la ville la plus proche, que j'entendis nommer Ronciglione, je crois, et l'on en apporta de quoi faire un dîner assez comfortable.

A trois heures du matin on nous réveilla ; mais comme je m'étais couché vers les six heures du soir, cela me faisait toujours mes huit à neuf heures de sommeil. C'est mon compte, Monsieur : quand je ne dors pas mes huit heures, je suis tout malade.

Cette fois la journée fut courte. Vers les onze heures du matin, nous passâmes un fleuve sur un bac, puis on s'arrêta pour déjeuner dans une auberge que jentendis appeler l'auberge Barberini.

— Ici, dit le capitaine, nous sommes chez nous.

— Comment, dit Zéphirine, nous sommes chez nous dans cette infâme auberge ! Et où est donc ce fameux château dont vous m'aviez parlé ?

— Je veux dire que nous sommes sur nos terres, Carinesna, et qu'à partir d'ici vous pouvez commander comme une véritable reine.

— Alors, j'ordonne qu'on me laisse seule dans une chambre, car je ne veux pas me montrer à mes sujets de... Comment s'appelle notre château ?

— Anticoli.

— A mes sujets d'Anticoli, dans cet équipage; je leur ferais peur.

— Civetta! dit en souriant le capitaine.

— Allez, allez, dans un quart d'heure je suis prête.

Zéphirine nous mit dehors et s'enferma.

— Ainsi, capitaine, vous avez un château? lui demandai-je.

— Un peu, me répondit-il.

— A vous?

— Oh! non, pas à moi, tu comprends bien que le gouvernement s'en inquiéterait; mais à un seigneur romain qui me le prête, et à qui je paie une petite rente. Le brave homme est retenu à la ville par sa charge; il faut bien qu'il utilise sa maison de campagne.

— Alors nous serons là comme des coqs en pâte.

— Je ne comprends pas, répondit le capitaine.

— C'est juste : coq en pâte est un gallicisme un peu fort pour un Italien ; je veux dire que nous y serons à merveille.

— A merveille, c'est le mot : il faudra peut-être bien de temps en temps faire le coup de fusil ; mais ce sont les agréments du métier.

— Je rappellerai au capitaine que je ne suis engagé à son service que pour jouer de la basse.

— Mais qu'est-ce que c'est donc que ce fusil et cette carnassière que tu réclamais comme à toi ?

— C'était à moi, effectivement. A propos, avez-vous une belle chasse dans vos domaines ?

— Magnifique !

— Quelle sorte de gibier ?

— Toutes sortes.

— Avez-vous des chastres ?

— Les chastres ? par volées !

— Bagatelle, capitaine ! je me charge des rôtis.

— Oui, oui, je te donnerai trois ou quatre de mes gens pour te servir de rabatteurs, et tu chasseras tant que tu voudras.

— Le capitaine m'avait encore promis....

— Quoi ?

— Mes cent écus.

— C'est juste. Picard, tu feras rendre ses cent écus à ce brave homme.

— Vraiment, capitaine, lui dis-je, je ne sais pas pourquoi on vous en veut; vous êtes le plus honnête bandit que je connaisse.

— *Ecco mi*, dit la Zéphérine en rentrant.

— Déjà! dit le capitaine.

— Bah! je vais vite en besogne; j'ai eu le temps de faire tout ce que j'avais à faire.

— Bravo! en ce cas, nous repartons.

— Je suis prête, dit Zéphirine.

Le capitaine ouvrit la fenêtre.

— En route! cria-t-il.

Là, Zéphirine eut le temps d'échanger un regard avec moi et de me montrer le solitaire : je compris alors ce qu'elle avait eu à faire dans cette chambre.

Nous partîmes vers les deux heures : à quatre nous arrivâmes au bord d'un petit fleuve. Le capitaine appela le passeur par son nom. Celui-ci accourut avec un empressement qui annonçait qu'il avait reconnu la voix qu'il l'appelait.

Pendant que nous passions, le capitaine et le batelier causèrent à voix basse.

— Eh bien ! demanda mademoiselle Zéphirine avec une inquiétude parfaitement jouée, est-ce que notre château n'est plus à sa place ?

— Au contraire, dit le capitaine, et dans un quart d'heure, je l'espère, nous y serons installés.

— Dieu soit loué! répondit Rina; car il y a assez longtemps que nous courons les champs.

Nous entrâmes dans une allée de peupliers, au bout de laquelle était la grille d'une magnifique villa. Le capitaine sonna. Le concierge vint ouvrir.

A peine eut-il reconnu le capitaine, qu'il frappa sur la cloche d'une certaine façon, et cinq ou six domestiques accoururent.

Il paraît que le capitaine était fort désiré, car ce fut une grande joie parmi toute cette valetaille lorsque son arrivée fut connue. La capitaine reçut toutes ces démonstrations comme des hommages qui lui étaient dus et auxquels il était habitué.

— C'est bien, c'est bien, dit le capitaine; marchez devant et éclairez-nous.

Les domestiques obéirent. L'un d'eux voulut prendre ma basse, dans une bonne intention sans doute; mais comme c'était un excellent instrument, je ne voulus pas le lui confier. Il en résulta une petite altercation qui se termina par un grand coup de poing que lui donna le Picard. Je restai donc maître de ma basse, que j'étais résolu de rapporter avec moi en France, si j'avais jamais le bonheur d'y revenir.

On nous conduisit chacun à nos chambres respectives.

C'était un palais, Monsieur, un véritable palais, comme l'avait dit le capitaine. J'avais pour mon compte une chambre avec des fresques magnifiques. Il est vrai que la porte donnait sur la grande salle, et que je ne pouvais pas y entrer ni en sortir sans passer devant cinq ou six domestiques qui, du premier coup, Monsieur, m'eurent bien l'air de véritables brigands déguisés en valets.

Vous devez comprendre, Monsieur, dans quel état j'étais; aussi comme j'allais sonner pour demander si l'on ne pourrait pas me prêter quelques vêtements, un domestique entra avec du linge, des bas, des souliers, cinq ou six culottes, une foule d'habits et une multitude de redingotes, en m'invitant à choisir là-dedans tout ce qui serait à ma taille où à ma convenance. Je frissonnai, Monsieur, en pensant que sans doute toute cette friperie était le bien du prochain. Aussi je me contentai d'une redingote, d'un habit, de deux paires de culottes et de six chemises. On ne pouvait pas être plus discret. Avant de sortir, le domestique m'ouvrit un cabinet dans lequel était une baignoire, et m'annonça que l'on dînerait *alle vinti due*. Après une foule d'éclaircissements, j'appris que cela voulait dire que l'on dînerait de six à sept heures. Je n'ai jamais pu comprendre ce que le chiffre 22 avait à faire là-dedans.

J'avais tout juste le temps, comme on le voit, de faire ma toilette. Heureusement que je trouvai sur une table, disposée à cet effet, tout ce qui m'était nécessaire, et, entre autres choses, d'excellents rasoirs anglais, que j'ai bien regrettés depuis, Monsieur, car jamais je n'en ai retrouvé de si bons.

Comme je venais de m'ajuster, la cloche sonna l'heure du dîner. Je donnai donc un dernier coup à ma chevelure, et je sortis de ma chambre, en mettant la clé dans ma poche, de peur que l'on ne touchât à ma basse. A la porte, je trouvai un domestique qui m'attendait pour me conduire au salon.

Au salon, il y avait déjà un jeune seigneur, une jeune dame et un officier français. Je crus m'être trompé, et je voulus me retirer ; mais au moment où, en m'en allant à reculons, je marchais sur les pieds du domestique, la jeune dame me dit : — Eh bien ! mon cher monsieur Louët, que faites-vous donc ? est-ce que vous ne dînez pas avec moi ?

— Pardon ! lui dis-je... Je ne vous avais pas reconnue, Mademoiselle.

— Si vous le préférez, mon cher monsieur Louët, dit le jeune seigneur, on vous servira dans votre chambre.

— Comment ! m'écriai-je, c'est vous,

capitaine? Monsieur, je n'en revenais pas.

—Ah! Monsieur Louët ne voudrait pas nous faire cette injure de nous priver de sa compagnie, dit l'officier en s'inclinant en façon de salut.

Je me retournai vers lui pour répondre à sa politesse. Monsieur, c'était le lieutenant. Il y avait eu changement à vue comme dans Cendrillon.

— *Al suo commodo,* dit un laquais en ouvrant à deux battants la porte de la salle à manger.

— Qu'est-ce que cela veut dire, sans indiscrétion, Monsieur? demandai-je au lieutenant.

— Cela veut dire, mon cher Monsieur

Louët, répondit celui-ci, que la soupe est servie.

Le capitaine donna la main à mademoiselle Zéphirine, et le lieutenant et moi les suivîmes par derrière.

Nous entrâmes dans une salle à manger parfaitement éclairée, où se trouvait un dîner admirablement servi.

— Je ne sais si vous serez content de mon cuisinier, mon cher Monsieur Louët, me dit le capitaine en prenant sa place et en m'indiquant la mienne. — C'est un cuisinier français que l'on dit assez bon; je lui ai commandé deux ou trois plats provençaux à votre intention.

— Des plats à l'ail. — Oh! fi donc! dit l'officier français en prenant une prise de tabac parfumé dans une tabatière d'or.

— Monsieur, je croyais faire un rêve.

On me passa mon potage.

— Tiens, m'écriai-je, c'est une bouillabesse.—Monsieur, c'en était une, et parfaitement faite, encore.

— Vous avez jeté un coup d'œil sur le parc, monsieur Louët? me dit le capitaine.

— Oui, Excellence, répondis-je, par la fenêtre de ma chambre.

— On le dit fort giboyeux; il faudra voir cela demain, Monsieur Louët. Vous avez promis de vous charger du rôti.

— Et je renouvelle ma promesse, capitaine; seulement je vous prierai de me faire rendre mon fusil. — J'en ai l'habitude, que voulez-vous ? je ne tire bien qu'avec celui-là.

— C'est convenu, dit le capitaine.

— Ah çà ! vous savez que nous dînons de bonne heure demain, Tonino ? Vous avez promis de me conduire au théâtre *della Valle* ; je serais curieuse de voir cette mauvaise petite danseuse qui m'a remplacée.

— Mais, ma chère amie, dit le capitaine, ce n'est pas demain théâtre, ce n'est qu'après-demain ; d'ailleurs je ne sais pas si le coupé est en bon état. Je vais me faire rendre compte de tout cela ; soyez tranquille. Demain, en attendant, si vous voulez aller à cheval à Tivoli ou à Subiaco...

— Serez-vous des nôtres, mon cher Monsieur Louët? dit mademoiselle Zéphirine.

— Non, merci, répondis-je; je n'ai point l'habitude du cheval; de sorte que ça n'est pas un plaisir pour moi que d'y monter, parole d'honneur. D'ailleurs, puisque le capitaine me l'a offert, moi je chasserai. Je suis chasseur avant tout.

— A votre guise, mon cher Monsieur Louët; toute liberté, dit le capitaine.

— Moi, je tiendrai compagnie à Monsieur Louët, et je chasserai avec lui, dit le lieutenant.

— C'est beaucoup d'honneur pour

moi, Monsieur, répondis-je en m'inclinant.

Il fut donc convenu que, le lendemain, le capitaine et mademoiselle Zéphirine iraient à cheval à Subiaco, et que le lieutenant et moi resterions au château pour y faire une partie de chasse.

Après le dîner, le capitaine nous donna, au lieutenant et à moi, liberté entière. Nous en profitâmes, Monsieur ; car moi, surtout, vous le comprenez bien, depuis quinze ou dix-huit jours, je menais une vie fort agitée et tout à fait fatigante.

Je rentrai donc dans ma chambre. Monsieur, il ne faut pas demander si je fus étonné quand je trouvai mon fusil dans un coin, ma carnassière dans l'autre, et mes cent écus sur ma cheminée. Cela me convainquit qu'au château de M. le capitaine Tonino il n'y avait pas besoin de clés pour ouvrir les portes.

Pendant que je me déshabillais, le cuisinier à qui j'avais fait faire mes compliments sur sa bouillabesse, vint me demander si je désirais déjeuner à la provençale, à la française ou à l'italienne, le comte de Villaforte ayant ordonné, vu la partie de chasse projetée, que l'on me servît dans ma chambre. Il paraît que le capitaine Tonino ayant changé d'habit, avait aussi jugé à propos de changer de nom. Je renouvelai à cet homme mes compliments, et je lui dis de me faire un poulet frit à l'huile, autrement dit poulet à la provençale ; c'est mon plat favori, Monsieur. La nuit fut bonne, si bonne, que je ne fus réveillé que par mon déjeuner, qui frappait à ma porte.

Monsieur, je déjeunai comme un roi.

J'achevais une tasse de chocolat, lorsqu'on me frappa sur l'épaule. Je me retournai : c'était le lieutenant dans un équipage de chasse des plus galants.

— Eh bien ! me dit-il, voilà comme nous sommes prêts ?

Je lui demandai mille pardons ; mais je lui fis observer que je ne pourrais chasser en culotte courte. Il me montra alors du doigt un costume de chasse pareil au sien, qui m'attendait sur un sofa.

J'étais comme Aladin, Monsieur ; je

n'avais qu'à souhaiter pour voir mes souhaits accomplis.

En un tour de main je fus prêt ; alors nous descendîmes. A la porte, des domestiques tenaient en main quatre chevaux de selle : un pour le capitaine et un pour mademoiselle Zéphirine, et les deux autres pour deux laquais.

Le capitaine descendait en même temps que nous : il mit une paire de pistolets à deux coups dans ses fontes, les deux autres domestiques qui devaient l'accompagner en firent autant. Maître et domestiques étaient vêtus en outre d'une espèce de costume de fantaisie qui leur permettait de porter un couteau de chasse. Le capitaine vit que je remarquai toutes ces précautions.

— Que voulez-vous, mon cher Monsieur Louët! me dit-il, la police est si mal faite dans ce pays-ci, que l'on peut faire de mauvaises rencontres; il est bon d'être armé, vous comprenez.

Je ne comprenais pas du tout, au contraire. Ou j'avais rêvé, ou je rêvais. Lequel, du capitaine ou de Villaforte, était l'illusion? Lequel était la réalité? Voilà ce que je ne pouvais éclaircir. — Je résolus de laisser aller les choses.

Quant à mademoiselle Zéphirine, elle était ravissante dans son costume d'amazone.

— Bien du plaisir, mon cher Monsieur Louët, me dit le capitaine en montant à cheval. Nous serons de retour à quatre heures; j'espère qu'à quatre heures votre chasse sera finie.

— Je l'espère aussi, Monsieur le comte, répondis-je, quoiqu'en fait de chasse je n'affirme plus rien; on ne sait pas où cela mène, une chasse.

— En tous cas, dit le capitaine en piquant son cheval et en lui faisant faire deux ou trois courbettes, en tous cas, Beaumanoir, je te recommande M. Louët.

— Soyez tranquille, Comte, répondit le lieutenant.

Et nous ayant salué une dernière fois

de la main, ainsi que mademoiselle Zéphirine, tous deux partirent au galop, suivis des domestiques.

— Pardon, Monsieur, dis-je en m'approchant du lieutenant; c'est vous, je crois, que le comte appelle Beaumanoir?

— C'est moi-même.

— Je croyais que la famille Beaumanoir était une famille éteinte.

— Eh bien! je la rallume, voilà tout.

— Vous en êtes bien le maître, Monsieur, lui dis-je. Mille pardons si j'ai été indiscret.

— Oh! il n'y a pas de quoi, mon cher

Louët. Voulez-vous un chien, ou n'en voulez-vous point?

— Monsieur, j'aime mieux chasser sans chien; le dernier que j'ai eu m'a insulté d'une façon trop cruelle, et j'aurais peur que même chose ne se renouvelât.

— Comme vous voudrez. Gaétan ! lâchez Roméo.

Nous nous mîmes en chasse. Monsieur, de mes six premiers coups je tuai quatre chastres, ce qui prouvait bien que celui de Marseille était ensorcelé. Cela fit beaucoup rire Beaumanoir. Comment me dit-il, vous vous amusez à tirer de pareil gibier?

— Monsieur, lui dis-je, à Marseille le

chastre est un animal fort rare. Je n'en ai vu qu'un dans toute ma vie, et c'est à lui que je dois l'avantage de me trouver dans votre société.

— Bah! réservez-vous pour les faisans, les lièvres et les chevreuils.

— Comment! Monsieur, m'écriai-je, nous verrons de pareils animaux?

— Eh! tenez, en voilà un qui vous part dans les jambes. En effet, Monsieur, un chevreuil venait de me partir à dix pas.

De place en place je rencontrais des jardiniers qu'il me semblait avoir vus quelque part, des garde-chasses dont la figure ne m'était pas inconnue. Tout cela me saluait, Monsieur; il me semblait que c'étaient tous mes bandits qui avaient changé de costumes ; mais j'avais vu tant de choses étonnantes, que j'avais pris le parti de ne plus me préoccuper de rien.

Nous faisions un feu de file, Monsieur; le parc était immense, fermé de murs, avec des grilles placées de temps en temps pour ménager de magnifiques échappées de vue. Comme j'étais en face d'une de ces grilles, M. de Beaumanoir tira un faisan.

— *Signore*, me dit un paysan qui était de l'autre côté de la grille, *questo castello e il castello d'Anticoli?*

— Pardon, villageois, lui répondis-je en m'approchant de lui, je n'entends aucunement l'italien. Parlez-moi français, et je me ferai un plaisir de vous répondre.

— Tiens! c'est vous, Monsieur Louët? me dit ce paysan.

— Oui, c'est moi: mais comment savez-vous que c'est moi?

— Vous ne me reconnaissez pas?

— Je n'ai pas cet honneur.

— Ernest, l'officier de hussards, votre compagnon de voyage.

— Ah! monsieur Ernest, comment! c'est vous? mademoiselle Zéphirine sera bien contente.

— Zéphirine est donc véritablement ici?

— Sans doute, Monsieur Ernest,

sans doute! elle est prisonnière comme moi.

— Ainsi le capitaine Tonino?...

— N'est autre que le comte de Villaforte.

— Et ce château?

— Une caverne de brigands, Monsieur.

— C'est tout ce que je voulais savoir. Adieu, mon cher Louët; si l'on nous voyait causer ensemble, on pourrait avoir des soupçons. Dites à Zéphirine que demain elle aura de mes nouvelles.

— Et il s'élança dans la foret.

— Apporte, Roméo! apporte! cria M. de Beaumanoir.

— Je courus à lui.

— Eh bien! il paraît qu'il y est, le faisan. Ah! un beau cop, Monsieur! un beau cop!

— Oui, oui, il y est! A qui parliez-vous donc, Monsieur Louët?

— A' un paysan qui me faisait une question en italien, et à qui je répondais que j'avais le malheur de ne point comprendre cet idiôme.

— Ah! fit d'un air de doute et en me regardant de côté M. de Beaumanoir. Puis, ayant rechargé son fusil :

— Mon cher Monsieur Louët, me dit-il, mieux vaut, je crois, moi qui parle italien, que je longe le mur; il pourrait y avoir encore des paysans qui auraient des questions à vous faire, et, dans ce cas, je me chargerais de leur répondre.

— Comme vous voudrez, Monsieur de Beaumanoir, répondis-je ; vous êtes bien le maître.

— J'opérai aussitôt la manœuvre commandée. Mais il eut beau regarder, Monsieur, il ne vit personne.

Nous fîmes une chasse superbe. Je dois dire, il est vrai, que M. de Beaumanoir était excellent tireur. A quatre heures, nous rentrâmes. Le comte de Villaforte et mademoiselle Zéphirine n'étaient point encore de retour.

Je montai à ma chambre pour me préparer à dîner. Mais comme il ne me fallait pas deux heures pour ma toilette, je pris ma basse et j'en tirai quelques accords. C'était un instrument excellent, et je résolus, plus que jamais, de ne point m'en séparer.

A cinq heures et demie, je descendis au salon. J'étais le premier. Un instant après, le comte de Villaforte et mademoiselle Zéphirine parurent.

— Eh bien ! mon cher Louët, me dit mademoiselle Zéphirine, vous êtes-vous bien amusé ?

— Ma foi, Mademoiselle, répondis-je, je serais difficile : et vous ?

— Oh ! ma foi, de tout mon cœur ; les environs d'Anticoli sont charmants.

— Capitaine ! dit le lieutenant en ouvrant la porte.

— Qui m'appelle capitaine ? Ici je ne

suis pas capitaine, mon cher Beaumanoir, je suis le comte de Villaforte.

— Capitaine, reprit le lieutenant, c'est pour affaire sérieuse ; venez un instant, je vous prie.

— Pardon, ma chère amie ; pardon, Monsieur Louët ; mais, vous savez, les affaires avant tout.

— Faites, Monsieur le comte, faites.

Le capitaine sortit. Je le suivis des yeux jusqu'à ce que la porte fût refermée ; puis quand je fus sûr qu'il ne pouvait plus m'entendre :

— J'ai vu M. Ernest, dis-je à mademoiselle Zéphirine.

— Quand cela ?

— Aujourd'hui.

— Ah! ce cher Ernest, il nous aura suivis d'auberge en auberge.

— C'est probable, ou bien il faudrait qu'il fût sorcier.

— Il ne vous a rien dit pour moi?

— Il m'a dit que demain vous auriez de ses nouvelles.

— Oh! quel bonheur, Monsieur Louët! il va nous délivrer.

— Mais, Mademoiselle, lui dis-je, comment vous trouvez-vous dans cette société, si vous la méprisez tant?

— Comme vous, vous y trouvez vous-même.

— Mais, moi, j'y ai été conduit de force.

— Et moi, croyez-vous que je sois venue de bonne volonté ?

— Alors, ce brigand de capitaine...

— M'a vue danser au théâtre de Boulogne, est devenu amoureux de moi et m'a enlevée.

— Mais c'est donc un athée que cet homme, qui ne respecte ni les danseuses ni les contrebasses !

— Ce qui me fait le plus de peine dans tout cela, c'est que le pauvre Ernest aura cru que j'étais partie avec un cardinal, parce qu'il y avait à ce moment-là un cardinal qui me faisait la cour.

— Oh !...

— Silence ! voilà Tonino qui rentre.

— Eh bien ! dit Zéphirine en courant à

lui, eh bien! qu'avons-nous? Oh! quelle mine! ces nouvelles sont donc bien mauvaises?

— Mais elles ne sont pas bonnes du moins.

— Viennent-elles de bonne source? demanda Zéphirine avec une inquiétude qui, cette fois, n'était pas jouée.

— On ne peut de meilleure source; elles viennent d'un de nos amis qui est à la police.

— Eh! qu'annoncent-elles, bon Dieu?

— Rien de positif; seulement il se trame quelque chose contre nous : nous avons été suivis de Chianciamo jusqu'à Osteria Barberini. On ne nous a perdus que derrière le Monte-Gennaro. Ma chère enfant, je crois qu'il faudra renoncer pour demain à aller au théâtre *della Valle*.

— Mais cela ne nous empêchera point de dîner, capitaine, je l'espère?

— Tenez, voilà la réponse, me dit le capitaine.

— Son Excellence est servie, dit un laquais en ouvrant la porte.

En entrant dans la salle à manger, je m'aperçus que le capitaine et le lieutenant avaient chacun une paire de pistolets près de leur assiette ; en outre, chaque fois qu'on ouvrait la porte de l'office, nous apercevions dans l'antichambre deux bandits avec leur carabine au bras.

Le repas fut silencieux, comme on le

pense bien ; cependant il se passa sans accident. Je dois dire que je dînai mal. Je sentais instinctivement que nous approchions de la catastrophe, et je ne la voyais pas arriver sans inquiétude.

Après le souper, le capitaine plaça des sentinelles partout.

— Ma petite Rina, dit-il, je te demande pardon de ne pas te tenir compagnie ; mais il faut que je veille à notre sûreté. Si tu faisais bien, tu te jetterais sur ton lit toute habillée, car nous pourrions bien être réveillés pendant la nuit, et alors je voudrais te trouver toute prête, afin qu'on pût te conduire dans un endroit sûr.

— Je ferai tout ce que tu voudras, répondit mademoiselle Zéphirine.

— Et vous, Monsieur Louët, je vous serais obligé de prendre les mêmes précautions.

— Monsieur le comte, je suis à vos ordres.

— Maintenant, ma petite Zéphirine, si tu veux nous laisser le rez-de-chaussée, nous avons quelques petites dispositions à y prendre qui ne s'accordent pas avec la présence d'une femme.

— Je remonte à ma chambre, répondit mademoiselle Zéphirine.

— Et moi aussi, m'écriai-je.

Le capitaine s'approcha d'une sonnette.

— Cela va bien, Monsieur Louët, me dit mademoiselle Zéphirine en se frottant les mains.

— Cela va mal, Mademoiselle Zéphirine, répondis-je en secouant la tête.

— Conduisez Monsieur et Mademoiselle chacun à sa chambre, dit en italien le capitaine. Puis il ajouta à voix basse quelques mots que nous ne pûmes entendre.

— J'espère que tout cela n'est encore qu'une fausse alerte, dit mademoiselle Zéphirine.

— Hum! je ne sais pourquoi, dit le capitaine, j'ai un mauvais pressentiment... Si j'ai un instant, Zéphirine, j'irai te voir. Bonne nuit, Monsieur Louët.

— Bonne nuit, capitaine, dis-je en sortant.

Mademoiselle Zéphirine était restée un peu en arrière. Cependant comme j'avais monté les dix premiers degrés, je la vis paraître. Je m'arrêtai pour l'attendre, mais le bandit qui me conduisait me poussa par les épaules.

Je rentrai dans ma chambre ; le bandit me laissa la lampe et sortit. En s'en allant, il ferma la porte à double tour.

— Hum ! hum ! dis-je, il paraît que je suis prisonnier.

Je n'avais rien de mieux à faire que de me jeter sur mon lit, et c'est ce que je fis.

Monsieur, je passai plusieurs heures

dans des réflexions fort tristes; peu à peu cependant mes idées s'embrouillèrent. De temps en temps seulement je tressaillais et j'ouvrais les yeux tout grands; enfin, Monsieur, à force de les ouvrir, je les fermai une bonne fois et je m'endormis.

— Je ne sais pas depuis combien de temps je dormais, lorsque j'entendis qu'on entrait dans ma chambre, et que je sentis qu'on me secouait par les épaules.

Subito, subito! me dit une voix.

— Monsieur, qu'y a-t-il? demandai-je en m'asseyant sur mon lit.

— *Non ce niente ma bisogna, seguirmi.*

Je compris à peu près que cet homme m'ordonnait de le suivre.

— Et où faut-il seguir vous? demandai-je.

— *Non capisco, avanti, avanti.*

— Me voilà, Monsieur, me voilà; que diable, le feu n'est point à la maison, peut-être.

— *Avanti, avanti.*

— Pardon, pardon, je ne laisse pas ma basse ici; je ne me soucie pas qu'il arrive malheur à mon instrument. J'espère qu'il ne m'est pas défendu de prendre ma basse.

Le bandit me fit signe que non, mais qu'il fallait me dépêcher.

Je mis ma basse sur mon dos, et je lui dis que j'étais prêt à le suivre.

Alors il marcha devant moi, me fit traverser plusieurs corridors, puis descendre un petit escalier, après quoi il ouvrit une porte, et nous nous trouvâmes dans le parc : le jour commençait à poindre.

Je ne puis vous dire, Monsieur, les tours et les détours que nous fîmes ; enfin, nous entrâmes dans un massif d'arbres, et, dans l'endroit le plus sombre, nous aperçûmes l'ouverture d'une grotte. Un bandit la gardait déjà. On me poussa par cette ouverture.

Je vis que c'était là mon appartement provisoire. Je commençais, tout en tâtonnant, à en reconnaître les localités, quand tout-à-coup je sentis qu'on me prenait par la main. Je fus sur le point de jeter un cri ; mais la main qui me prenait était fort douce, de sorte que je reconnus bien vite que ce n'était pas celle d'un brigand.

— Chut ! me dit une petite voix.

— Je ne souffle pas le mot, Mademoiselle.

— Posez là votre basse ?

J'obéis.

— Eh bien ! qu'y a-t-il ?

— Il y a qu'ils sont cernés par un régiment, et qu'Ernest est à la tête de ce régiment.

— Oh ! ce brave M. Ernest !

— Comprenez-vous comme il m'aime ?

Il nous a suivis depuis Sienne jusqu'ici. Quel bonheur, mon cher Monsieur Louët, que vous ayez été fait prisonnier!

— Oui, c'est un grand bonheur, répondis-je.

— C'est pourtant moi qui ai eu cette idée-là.

— Comment vous ?

— Certainement. J'ai dit que je ne pouvais pas danser sans musicien, et l'on a tant cherché qu'on a fini par vous trouver.

— Comment ! c'est à vous que je dois...

— A moi, mon cher Monsieur, à moi seule ; sans compter que, grâce à votre solitaire, j'ai pu laisser partout à Ernest l'itinéraire de notre voyage.

— Mais comment se fait-il que nous soyons réunis dans cette grotte?

— Parce que c'est l'endroit le plus retiré du parc, et par conséquent le dernier où l'on viendra nous chercher. De plus, il y a une porte qui donne probablement dans quelque souterrain, lequel doit avoir son ouverture dans la campagne.

— Eh bien! mais si nous filions par cette porte, Mademoiselle, il me semble que cela serait prudent.

— Ah! oui, c'est juste. — Mais il n'y a qu'un malheur, c'est que la porte est fermée.

On entendit un coup de fusil.

—Écoutez, Mademoiselle, m'écriai-je...

—Bon! cela commence, dit Zéphirine.

—O mon Dieu! où nous cacher?

— Mais il me semble que nous ne pouvons guère être mieux cachés que nous ne le sommes.

— Mademoiselle Zéphirine, lui dis-je, j'espère que vous ne m'abandonnerez pas?

—Moi, abandonner un ami, jamais! — C'est à une condition, cependant. Entendez-vous? entendez-vous?

La fusillade redoublait, qu'on aurait dit des feux de peloton.

— Quelle est cette condition, Mademoiselle? tout ce que vous voudrez.

— C'est que si M. Ernest vous interroge sur mes relations avec le monstre, vous lui direz qu'elles ont toujours été honnêtes, et que je ne lui ai jamais cédé.

— Mais il ne le croira pas, Mademoiselle.

— Vous êtes un niais, Monsieur Louët; il croira tout ce que je voudrai : il m'aime.

— Mademoiselle, m'écriai-je en lui prenant la main, il me semble que cela redouble.

— Tant mieux ! tant mieux ! répondit mademoiselle Zéphirine.

C'était une lionne que cette jeune fille.

Je voulus m'approcher de l'ouverture de la grotte.

— *Dietro! dietro!* crièrent les deux sentinelles. Je compris encore plus par le geste que par le mot que cela voulait dire en arrière, et je m'empressai de reculer.

De minute en minute la chose s'échauffait. J'étais destiné à assister à des combats, Monsieur; sur mer comme sur terre les combats me poursuivaient.

— Il me semble que les coups de fusil se rapprochent, dit mademoiselle Zéphirine.

— J'en ai peur, Mademoiselle, répondis-je.

— Mais, au contraire, vous devez être enchanté; c'est qu'ils fuient.

— Je suis enchanté, Mademoiselle ; mais je voudrais bien qu'ils ne fuyassent point de notre côté.

Monsieur, on entendait des cris comme si on s'égorgeait ; et c'était bien permis, car on s'égorgeait effectivement, comme nous pûmes le voir depuis. Tout cela était mêlé de coups de fusil, de sons de trompette, de roulements de tambour. L'odeur de la poudre arrivait jusqu'à nous. Les détonations se rapprochaient de plus en plus ; je suis sûr que les combattants n'étaient pas à cent pas de la grotte.

Tout-à-coup, nous entendîmes un soupir, puis le bruit d'un corps qui tombait, et l'une de nos deux sentinelles vint rouler en se débattant dans la grotte. Cet homme avait reçu une balle perdue; et comme il était tombé dans le rayon de lumière qui se projetait dans le souterrain, nous ne perdîmes pas une des angoisses de son agonie. Je dois le dire, cependant, à cette vue, mademoiselle Zéphirine me prit les mains, et je sentis qu'elle tremblait:

— O Monsieur Louet, me dit-elle, que c'est horrible de voir mourir un homme!

— En ce moment, nous entendîmes une voix qui criait: Arrête! misérable! arrête! attends-moi!

— Ernest! s'écria mademoiselle Zéphirine, la voix d'Ernest! et elle s'élança vers l'ouverture de la grotte. Au même instant le capitaine s'y précipita tout sanglant :

— Zéphirine, cria-t-il, Zéphirine, où es-tu ?

Mais comme il venait du grand jour et que ses yeux n'étaient point encore habitués à l'obscurité, il ne put nous apercevoir.

Mademoiselle Zéphirine me fit signe de garder le silence.

Le capitaine resta un instant comme ébloui, puis ses yeux plongèrent dans toutes les profondeurs de la grotte ; alors il nous vit.

Il ne fit qu'un bond jusqu'à nous, un bond de tigre.

— Zéphirine, pourquoi ne me réponds-tu pas quand je t'appelle? Viens, viens.

Il la prit par le bras et voulut l'entraîner vers la porte du fond.

— Où voulez-vous me mener? où voulez-vous me conduire? s'écria la pauvre enfant.

— Viens avec moi, viens.

— Mais je ne veux pas aller avec vous, moi, dit-elle en se débattant.

— Comment! tu ne veux pas venir avec moi?

— Mais non, moi, pourquoi vous suivrais-je? Je ne vous aime pas, moi. Vous m'avez enlevée de force, je ne vous suivrai pas. Ernest! Ernest! par ici!

— Ernest, Ernest! murmura le bandit. Ah! c'est donc toi qui nous trahissais!

— Monsieur Louët, si vous êtes un homme, s'écria Zéphirine, à moi! à mon secours!

Je vis briller la lame d'un poignard, Monsieur. Je n'avais point d'armes; je saisis le manche de ma contrebasse, je la levai comme une massue, et j'en appliquai un si rude coup sur le crâne du capitaine, que l'instrument se défonça, et qu'il se trouva la tête prise dans son intérieur.

Soit violence du coup, soit surprise de se voir la tête contrebassée, le capitaine ouvrit les bras et poussa un tel mugissement, que toute la grotte en trembla.

— Zéphirine! Zéphirine! cria une voix au dehors.

— Ernest! Ernest! s'écria la jeune fille en s'élançant vers l'ouverture de la grotte.

— Mademoiselle Zéphirine! m'écriai-je à mon tour en la suivant, épouvanté moi-même du coup que je venais de faire.

Monsieur, je vous ai dit que cette jeune fille était légère comme une biche; elle était déjà dans les bras de son officier. J'allai me cacher derrière eux.

— Là, là! cria le jeune lieutenant en montrant l'entrée de la grotte à une douzaine de soldats qui venaient de le rejoindre, et qui se précipitèrent dans l'intérieur. — Là, il est là! amenez-le mort ou vif.

— Au bout de cinq minutes, Monsieur, ils reparurent ; ils n'avaient rien trouvé que la contrebasse, où il y avait le trou de sa tête. Le capitaine s'était sauvé par la seconde porte.

— Tiens, Ernest, dit Zéphirine, voila mon sauveur. Le poignard était déjà là, vois-tu, quand il est venu à mon secours. Elle montrait sa poitrine. Car je n'avais jamais voulu lui céder, vois-tu, à ce monstre de capitaine, et il aimait mieux me tuer que de me voir appartenir à un autre.

— Bien vrai? dit Ernest.

— Ah !... mon ami, comment peux-tu

me soupçonner ? Demande plutôt à M. Louët.

Je vis que le moment était venu, et je m'approchai.

— Monsieur, lui dis-je, je vous jure...

— C'est bien, me dit M. Ernest, pas de serment. Pensez-vous que je ne la croie pas sur parole ?

— Je crois, dis-je, sauf meilleur avis, monsieur Ernest, que, puisque le capitaine nous est échappé, ce que nous avons de mieux à faire, c'est de mettre mademoiselle Zéphirine en sûreté.

— Vous avez raison, Monsieur Louët. Viens, Zéphirine.

Nous reprimes le chemin du château ;

mais avant d'y arriver, il nous fallut traverser le champ de bataille. Monsieur, nous vîmes bien dix ou douze morts. Au pied du perron, un cadavre barrait les marches.

— Enlevez donc de là cette charogne, dit un vieux brigadier qui marchait devant nous à deux soldats.

Les deux soldats retournèrent le cadavre, qui était tourné le nez contre terre, et je reconnus le dernier des Beaumanoirs.

Nous ne fîmes que passer au château. M. Ernest y laissa garnison, puis nous montâmes dans une voiture avec mademoiselle Zéphirine, et M. Ernest, à la tête de douze hommes bien armés, nous servit d'escorte. Il va sans dire, Monsieur, comme vous comprenez bien, que j'avais repris mes cent écus, mon fusil et ma carnassière.

Il n'y avait que ma pauvre basse que je regrettais. Quant à mademoiselle Zéphirine, il paraît qu'elle ne regrettait rien, car elle était comme folle de joie.

Au bout d'une heure de route à peu près, je vis à l'horizon une grande ville avec un dôme énorme.

— Sans indiscrétion, Monsieur Ernest, dis-je en sortant ma tête par la portière, puis-je vous demander quelle est cette ville ?

— Cette ville ?

— Oui.

— Là, devant nous?

— Là, devant nous, Monsieur.

— Eh mais! c'est Rome.

— Comment! c'est Rome? Bien vrai?

— Sans doute.

— Eh bien! Monsieur, lui dis-je, je suis enchanté, parole d'honneur, enchanté, c'est le mot. J'ai toujours eu une très grande envie de voir Rome.

Deux heures après, nous fîmes notre entrée triomphale à Rome. Monsieur, c'était bien Rome,

— Et vîtes-vous le pape? demandai-je, car je me rappelle, Monsieur Louët, que c'était aussi un de vos désirs.

— Vous n'êtes pas sans savoir, me répondit Louët, que ce respectable vieillard était pour lors à Fontainebleau ; mais je le vis à son retour, Monsieur, lui et ses successeurs; car monsieur Ernest m'ayant fait entrer comme quatrième basse au théâtre della Valle, j'y restai jusqu'à 1830. Si bien que lorsqu'en 1830 je revins à Marseille, Monsieur, comme il y avait vingt ans que j'en étais parti, on ne voulait pas me rendre ma place à l'orchestre; on me prenait pour un faux Martinguerre.

— Et mademoiselle Zéphirine?

— Monsieur, j'ai entendu dire qu'elle avait épousé monsieur Ernest, dont je n'ai jamais su l'autre nom, et qu'elle était devenue une fort grande et une fort honnête dame.

— Et le capitaine, vous n'en avez jamais entendu reparler?

— Si fait, Monsieur; trois ans après il se laissa arrêter au théâtre della Valle, et j'eus la douleur de le voir pendre.

Voici comment, Monsieur, pour avoir oublié de décharger mon fusil, qui fit long feu sur un chastre, je me trouvai avoir vu l'Italie et être resté vingt ans à Rome.

— Savez-vous l'heure qu'il est? demanda Méry en tirant sa montre : quatre heures du matin! Une belle heure pour aller se coucher.

— Heureusement! dit monsieur Louët en nous montrant Jadin et nos deux autres convives qui ronflaient, heureusement que ces messieurs ont pris un à-compte.

FIN DU SIXIÈME ET DERNIER VOLUME.

TABLE

Des chapitres du sixième volume.

Chap. I. — La salle des Morts (suite.)	1
II. — Pourquoi Lorin était sorti.	23
III. — Vive Simon !	35
La Chasse.	59

FIN DE LA TABLE DU SIXIÈME ET DERNIER VOLUME.

SCEAUX. — IMPR. DE E. DÉPÉE.

www.ingramcontent.com/pod-product-compliance
Lightning Source LLC
Chambersburg PA
CBHW060630170426
43199CB00012B/1495